图解 陈慧佳 编

游泳运动

从入门到精通 （视频学习版）

U0125535

人民邮电出版社
北京

图书在版编目（CIP）数据

图解游泳运动从入门到精通：视频学习版 / 陈慧佳
编. -- 北京：人民邮电出版社，2023.3（2024.1重印）
ISBN 978-7-115-58292-8

Ⅰ．①图… Ⅱ．①陈… Ⅲ．①游泳－图解 Ⅳ.
①G861.1-64

中国版本图书馆CIP数据核字(2021)第259940号

免责声明

作者和出版商都已尽可能确保本书技术上的准确性以及合理性，并特别声明，不会承担由于使用本出版物中的材料而遭受的任何损伤所直接或间接产生的与个人或团体相关的一切责任、损失或风险。

内 容 提 要

本书由游泳世锦赛冠军陈慧佳编写，通过分步骤图解的方式，详细介绍了适合不同水平的游泳爱好者学习的游泳技术，不仅可以为游泳爱好者提供学习参考，还可以为游泳教练和体育老师提供丰富的教学内容和参考经验。本书从游泳场地、装备以及相关术语等基础知识讲起，然后着重讲解了开始游泳前需要进行的热身活动，熟悉水性练习，自由泳、仰泳、蛙泳、蝶泳这4种常见泳姿的技术要点和有助于掌握相应技术的练习方法，不同泳姿的出发、转身与终点技术，自救与施救的常用方法及有助于提升游泳运动表现的体能训练，以帮助游泳爱好者更好地掌握、优化游泳技术。此外，本书还提供了部分技术及练习方法的真人演示视频，扫描书中的二维码即可观看。希望本书能够帮助游泳爱好者全面地了解游泳运动，系统地提升游泳技术；帮助游泳教练和体育老师更系统地教学。

◆ 编　　　陈慧佳
　　责任编辑　林振英
　　责任印制　马振武

◆ 人民邮电出版社出版发行　　北京市丰台区成寿寺路 11 号
　　邮编　100164　　电子邮件　315@ptpress.com.cn
　　网址　https://www.ptpress.com.cn
　　廊坊市印艺阁数字科技有限公司印刷

◆ 开本：700×1000　1/16
　　印张：18　　　　　　　　　　2023 年 3 月第 1 版
　　字数：400 千字　　　　　　　2024 年 1 月河北第 3 次印刷

定价：99.00 元

读者服务热线：(010)81055296　印装质量热线：(010)81055316
反盗版热线：(010)81055315
广告经营许可证：京东市监广登字 20170147 号

推荐序

　　陈慧佳是中国女子游泳优秀运动员之一。2006 年，她从浙江省游泳队进入国家游泳队。在运动生涯中，她成绩优异、表现出色，曾多次代表浙江省获得全国冠军，也多次代表国家获得世锦赛等国际赛事金牌。2012 年，陈慧佳退役，开始在浙江省游泳队任教，继续为国家游泳事业努力奋斗。

　　很高兴为陈慧佳编写的游泳专著作序，也很高兴看到她在执教的同时，还可以通过她自己多年的辛勤耕耘和专业积累，出版游泳图书来推广游泳运动。年轻游泳教练这种积极向上、不断钻研的职业素养和职业态度，让我看到了他们对游泳这项运动的不懈追求和热爱，也预示着我国游泳运动发展将会有更好的明天和未来。

　　这本书在讲解最基本的游泳知识的基础上，以图文并茂的形式系统地向读者展示了四种泳姿（自由泳、仰泳、蛙泳、蝶泳）的技术。它的主要内容包括游泳的基础知识版块、游泳前的热身版块、游泳技术版块、自救与施救的知识版块以及体能训练版块。在游泳技术版块，书中还讲解了游泳中常见的问题与解决办法，这对于游泳运动学习者和爱好者均能提供很好的帮助和指导。另外，这本书以清晰的大图展示了游泳技术的细节，且读者可以通过扫描书中的二维码观看完整动作的动态过程，同时，书中一些别具心裁的小模块强调了游泳学习中的重点、难点和需要注意的地方，上述内容都非常方便读者阅读、学习书中内容和亲身体验相应技术。

　　作为教练，我衷心向广大游泳运动学习者和爱好者推荐陈慧佳编写的《图解游泳运动从入门到精通（视频学习版）》一书，希望大家能从中获得游泳运动带来的愉悦与快乐。

国家级游泳教练

楼霞

2022 年 10 月 15 日

目录

第六章 蝶泳

腿部动作 / 172

手臂动作 / 176

呼吸 / 180

蝶泳完整技术 / 182

常见问题与解决办法 / 186

第七章 出发、转身 与终点技术

出发技术 / 196

扫描右方二维码添加企业微信。

1. 首次添加企业微信，即刻领取免费电子资源。

2. 加入体育爱好者交流群。

3. 不定期获取更多图书、课程、讲座等知识服务产品信息，以及参与直播互动、在线答疑和与专业导师直接对话的机会。

场地与装备

了解游泳运动的相关基础知识，如场地、装备等，是学习游泳的重要前提，可以帮助你快速进入游泳的世界，从而享受游泳的乐趣。

◉ 场地

比赛用的游泳场地一般长 50 米，宽度不少于 21 米，深度不少于 1.8 米。泳池的水温应保持在 27 ~ 28 摄氏度。为保证泳池内的水清洁，应用相应设备对泳池进行清洗和消毒。

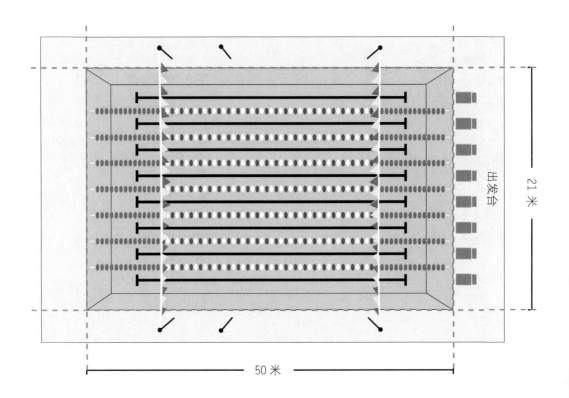

比发台

21 米

50 米

小提示

游泳场地分为室内人工泳池、室外人工泳池和公开水域几种，可根据自身需求进入相关区域进行游泳训练。

室内人工泳池：对于参加游泳锻炼和想要学习游泳的人来说，室内人工泳池是首选。随着游泳运动的广泛开展，各地的泳池也逐渐增多。

室外人工泳池：室外的气温不受控，因此大部分的室外人工泳池只在夏季开放。

公开水域：目前公共海滨与湖滨浴场较多，且在水域岸边都配有基础设施和救生员，也经常会对水域进行清理，所以可以更好地保护在公共水域进行游泳运动的人们。

◉ 装备

想要学好游泳，就要先学会选择合适的游泳装备，这对顺利地进行游泳运动起着非常重要的作用。游泳的基本装备包括泳帽、鼻夹与耳塞、划水掌、泳镜等。

序号	名称	图片	介绍
1	泳帽		泳帽可以防止掉落的皮屑和头发弄脏泳池；有效地隔绝泳池中的氯，让头发免受腐蚀；收拢头发，避免视线受阻；减少阻力，提升游泳速度
2	鼻夹与耳塞		鼻夹让游泳者只能用嘴呼吸换气，可防止鼻孔进水。耳塞可以有效地预防中耳炎
3	划水掌		戴划水掌辅助练习可以提高游泳者的划水效率和划水频率，提升手臂力量
4	泳镜		佩戴泳镜不但可以保护眼睛免受水中的细菌和药物的污染，还能使游泳者在水中拥有良好的视线，避免碰撞他人或池壁
5	拖鞋		随身携带能够更换的拖鞋会非常便利且有助于保持泳池卫生

序号	名称	图片	介绍
6	游泳服装		通常选用款式简洁大方的游泳服装，其弹性、延展性好，贴合身体，穿着舒适，可避免过于勒紧导致的呼吸不畅
7	毛巾		游泳后身体会湿漉漉的，游泳者不仅会感到不舒服，而且还容易感冒，所以准备一条吸水性好的毛巾非常有必要
8	浮板		浮板可以让不熟悉水性的游泳者勇于下水且保持漂浮，有效地改善教学效果，使训练能够循序渐进

扩展提示

泳帽和泳镜的正确戴法

泳帽的戴法：将头发全部塞入泳帽，长发的人可用头绳将头发扎好再塞入泳帽。

泳镜的戴法：将泳镜放在额头上，再戴上橡皮套。调节橡皮套的长度，使镜片轻轻压在脸上，护住双眼不外露。

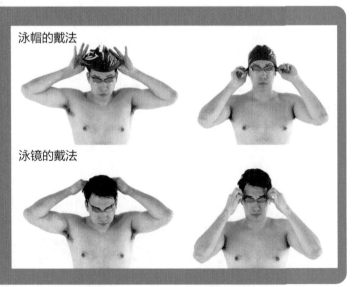

泳帽的戴法

泳镜的戴法

简单的水中锻炼方法

　　长期保持运动对身体健康有着至关重要的意义，所以现在人们对运动非常重视，经常会参加一些体能训练来提高身体素质。但是，体能训练通常会非常消耗体力，体力较差的人很难坚持，这时候可以选择一些简单的项目进行锻炼，水中锻炼就是一个不错的选择。

◉ 锻炼项目

　　运动不足的人不适合做剧烈的运动，如果突然运动过度，身体会吃不消。因此，体力不好的人不用一开始就进行游泳练习，可以从身体的适应性活动慢慢开始，以预防下水后抽筋。

　　在身体适应之前，可以先放松身体，使全身被水包围，感受水的流动。在水中进行简单锻炼，等到身体适应后再进行游泳练习，这样循序渐进的练习才对身体有益。

　　慢慢到水中进行走步练习，此时就能感受到锻炼效果了。在水中，膝盖和脚踝承受的负担比较小，但是会受到水的阻力。因为水温很低，所以即使运动强度达到在陆地上的运动强度，也不会感到那么剧烈。但是比起散步，在水中走步消耗的能量较多，因此，运动的效果可能会更好。每天坚持水中走步，经过一段时间，体质会有很大改善。

锻炼项目举例

初学者	在和肩部齐平的水中进行走步训练（向前、横向、向后、跳跃）	30分钟
稍有经验的人	使用浮板进行打水	25米×4次
已经会游泳的人	自由泳（以慢速进行）	25米×8次

※ 每次间隔10分钟，不要盲目练习。

术语简介

在学习游泳前，了解游泳的术语可以帮助我们更好地理解游泳动作。每项运动都有自己的专业术语，下面我们来学习一下游泳中常见的专业术语。

◉ 基本动作

基本动作是完成各种游泳姿势的基础。每种泳姿都具有不同的技术和特点，连续重复做手臂、腿部和呼吸等各个部位的动作，对提升游泳水平有很大的影响。

◉ 身体位置

身体位置是指游泳时身体与水面相对的位置，以及髋关节在水中的深浅程度。身体位置是判断游泳技术水平的主要参考标准。

◉ 身体姿势

身体姿势指的是在游泳时身体在水中正确的基本姿势。由于不同泳姿具有不同的技术特点，所以基本姿势也略有差别：仰泳时要将身体仰卧于水面，微微挺胸，以防止臀部下沉；蝶泳时腹部要反复收放，使手臂与腿部的动作形成协调的上下起伏动作，从而方便游进。

◉ 转肩

转肩是指在游泳时稳住身体的重心，随着手臂轮流交替地划水和移臂，肩关节呈现出规律的起伏转动，紧接着身体出现规律的左右晃动。转肩是常用于自由泳、仰泳等用双臂轮流交替移动的游泳动作。

◉ 游泳时身体的纵轴和横轴

游泳时身体的纵轴和横轴是指分别贯穿身体上下和左右方向的轴。

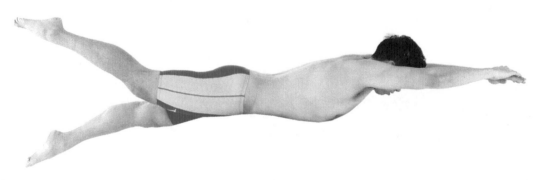

◉ 熟悉水性

熟悉水性是指通过教学，初学者从认识到体验再到掌握水的特性。熟悉水性的练习内容如下。

水中行走：在水中走步体会水的阻力。

浮体练习：在水中保持平稳的漂浮，感受身体在水中的浮力，以及在水中漂浮和下沉的原理。

呼吸练习：了解在水中呼吸的时机，掌握手臂和腿部动作协调配合的规律。

滑行练习：学会以正确的身体姿势在水中平稳游进，借助动作的惯性，提高滑行速度。

◉ 踩水

踩水是指身体垂直站立，借助手臂划水和腿部蹬水的力漂浮于水中。双腿同时下蹬水，动作与蛙泳时的腿部动作大致相同，也可用双臂向下压水、双腿轮流蹬的方式踩水。

◉ 靠肘伸肩

靠肘伸肩是蛙泳时，手臂划水的前伸动作。伸臂时，肘部靠近，双手并拢，肩关节带动手臂向前伸。增加手臂划水的动作幅度，可以在收臂时减少水的阻力，提高游进速度。

◉ 长划臂

长划臂一般是用于蛙泳出发和转身后水下划水的动作，通过大幅度的划水动作获得较快的游进速度。长划臂是蛙泳手臂划水技术之一。

◉ 蹬夹动作

蹬夹动作是指蛙泳的腿部动作，也是蛙泳技术的关键，关系着整个腿部动作的效果。蹬夹动作，是足跟接近臀部时脚掌外翻，脚踝放松，双腿径直向下方蹬出，呈弧形鞭状、边蹬边夹的连贯动作过程。

◉ 鞭打动作

鞭打动作是指双腿在打水时形成的快速游进动作。该动作就像鞭子抽打水面一样，具有弹力，常在自由泳和蝶泳向下打水时使用。

游泳的安全注意事项

虽然游泳运动对身体有很多的好处，但要注意人身安全。如果忽略以下事项，那么对游泳者尤其是初学者会非常危险。

◉ 避免酒后游泳

酒精会使人的反应能力和判断能力下降，所以在饮酒尤其是过量饮酒后，神经系统将会受到极大的影响，导致大脑无法正常指引人体做出正确的游泳姿势，极易造成溺亡事故。

◉ 避免超出能承受的运动量

大部分人选择游泳训练以达到健身的目的。在水中浸泡或玩耍无法达到健身的目的，想要达到健身的目的就要适量对身体施压，给予身体一定负荷。锻炼是一个过程，不要急于将运动量提至自己不能负荷的程度，需循序渐进，逐渐增大运动量让身体能够适应。

◉ 严禁在池边打闹

泳池的周边地面较为湿滑，如果在池边追逐打闹很容易摔倒。

◉ 注意游泳池的深浅

游泳池分为深水区和浅水区，并分别标注有水的深度。浅水区适合小朋友和水性不好的人练习。对于游泳初学者，在还没有熟练掌握游泳技术之前就在深水区练习，实际上是非常危险的。

◉ 严禁在浅水区跳水

在浅水区跳水，很容易造成头部、面部等部位与池底发生碰撞，可能导致残疾或严重外伤。

◉ 预防抽筋

抽筋是指身体各个部位尤其是小腿、大腿和脚趾部分发生的肌肉痉挛。游泳时抽筋是极为危险的，会造成溺水。在游泳前充分热身，让身体处于最佳的运动状态，可有效预防抽筋。

游泳卫生常识

　　虽然公共泳池的卫生设施较为完善，但池内游泳的人较多，穿着较少，容易传染疾病。为了保证身体健康，在游泳前学习游泳卫生常识是很重要的。

◉ 选择安全的泳池

　　要选择安全的游泳场地。一般情况下。人工的游泳池经常消毒、换水和排污，所以比较干净。人工的游泳池标注有池水的深度，并配有救生员和救生工具，比较安全。

◉ 了解自己的身体状况

　　在参加游泳训练之前，要进行身体健康检查，明确自身是否适合进行游泳运动，一方面是保证身体健康，另一方面是预防疾病传染。如果是高血压、心脏病、红眼病、中耳炎、传染性肝炎、癫痫、皮肤病、发烧以及开放性创伤患者都不建议进行游泳运动。

◉ 注意游泳卫生

　　水一般会滋生细菌，可能导致红眼病，因此在游泳前要滴上几滴眼药水，再佩戴泳镜。游泳时水会进入耳朵，如果此时耳朵瘙痒，用手指挖掏耳朵，一旦导致耳道破裂，就会引起细菌感染而导致中耳炎。所以在游泳前应佩戴耳塞，或是耳朵进水后采取将水倒出来的方法。

第一章
游泳准备
活动

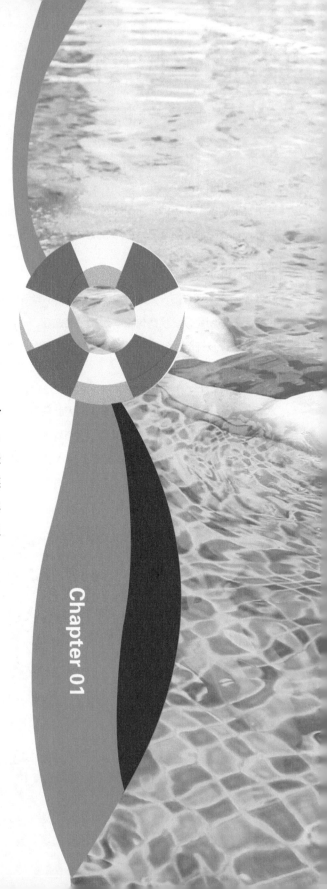

游泳之前做一些各个部位的伸展运动，可有效地提高身体各部位的机能，使神经兴奋，增强活动能力，提高运动效率，还能有效地避免受伤。除了常规的针对身体主要肌肉和关节的热身方式之外，还可以结合游泳的特点进行热身。

Chapter 01

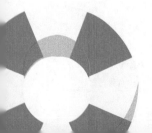

游泳准备活动介绍

　　游泳之前做一些各个部位的准备运动，不仅可以伸展韧带、激活肌群，有效地提高身体各部位的机能，让身体提前适应运动状态；还可以增强身体的协调性，有效地避免受伤。

● 游泳准备活动的必要性

　　游泳准备活动可以预热身体各个关节及主要肌肉、韧带，尤其是手臂和腿部的关键部位。一般可做慢跑、徒手操、拉长肌肉与韧带等练习。

　　游泳时负担较重的部位要充分热身，因此要增大手臂、肩部、胸部、腹部、背部、腿部等大关节的活动量，这样在入水时才不容易抽筋，从而避免危险情况的发生。在做准备活动时，拉伸动作要缓慢，不要突然用力。拉伸之后，应该做一些轻微的准备活动，让全身的关节得到预热。

　　准备活动可根据气温高低而定，一般做到身体微微出汗即可。游泳者下水后，还可以做一些水中换气练习，以便更快地适应水中环境。

● 手臂

　　手臂在游泳运动中非常重要，因为它将产生力量的上半身主要肌肉——背阔肌和胸大肌连接起来。如果将人体比作链条，那么它们则是作为链条的锚定点在水中推动游泳者前进。当游泳者在水中移动时，动作产生的力量传递于整个链条。手臂的肌肉同样帮助产生力量，在水中推动游泳者前进。

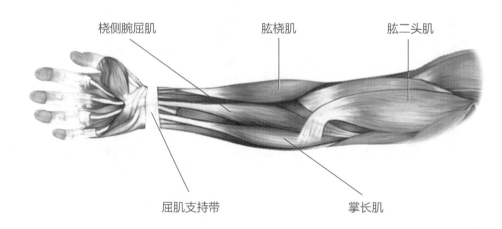

桡侧腕屈肌　　　　　肱桡肌　　　　　肱二头肌

屈肌支持带　　　　　掌长肌

◉ 肩部

肩部为臂、颈和头部运动提供了坚实的基础，是四种泳姿中进行上肢运动的主要旋转支点。肩关节属球窝关节，是人体灵活的关节之一，因此我们可以将手移动到任意可以看到的区域。

◉ 胸部

胸部主要的肌肉是胸大肌，参与推、伸、投掷和冲击等运动，在水中它产生推动游泳者的几乎全部动力。胸大肌产生的力量传递到手及前臂，是在水中引导游泳者身体的主要力量。

◉ 腹部

腹部肌肉是组成核心肌肉的主要成分，腹部除了帮助连接上肢和下肢的动作之外，还可以在自由泳和仰泳中帮助身体转动，在蝶泳和蛙泳时负责躯干的起伏运动和水下的海豚踢，从而帮助游泳者在水中高效地移动身体。

◉ 背部

背部肌群包括背阔肌和竖脊肌。背阔肌主要负责上肢的运动，它在各种泳姿中均负责在水中带动游泳者的身体。竖脊肌的功能是伸展脊柱，以保持身体的竖直，在游泳中负责将身体保持在适宜的水平位置。

◉ 腿部

腿部不仅是有效做踢腿动作的基础，同时也是身体离开出发台，以及做转身踢墙动作的关键。腿部作为游泳动力平衡中的动力链的一环，对保持严格的流线型姿势有不可忽视的作用。

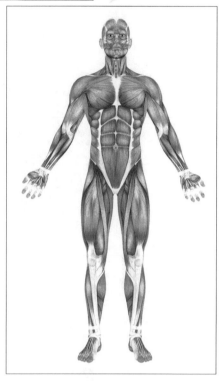

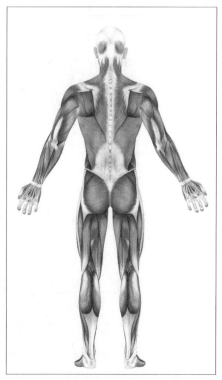

俯卧 YTW

Y 字形

01 身体俯卧于垫上，双腿伸直，双脚自然分开，与肩同宽。双臂向头部两侧斜上方伸直外展，掌心相对。手臂与躯干呈 Y 字形。

T 字形

03 肩关节内收，使手臂向后打开，与躯干呈 T 字形。

知识点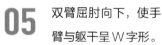

通过肩关节和肩胛骨的运动，激活背部肌肉，增强肩部灵活性。

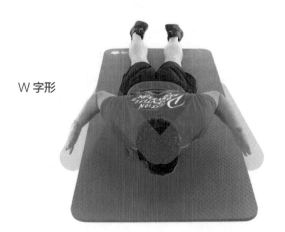

W 字形

05 双臂屈肘向下，使手臂与躯干呈 W 字形。

扫一扫，看视频

02 躯干保持挺直，后背收紧，肩部后侧发力，双臂抬起，充分打开。然后双臂放下。

04 手臂保持伸直，向上抬起，同时挤压肩胛骨，感受中背部的肌肉发力。然后双臂放下。

小提示 全程躯干保持挺直，头部保持中立。

06 充分挤压肩胛骨。然后恢复起始姿势，重复规定的次数。

双臂大绕环 | 热身活动

扫一扫，看视频

01 双脚自然分开，挺胸抬头，双手分别放于身体两侧，掌心朝内，目视前方。

02 双臂向前方抬起，掌心朝下。

03 向下、向身后环绕。

知识点

此动作可让肩部的动作更为流畅，也有利于增大其活动范围。

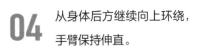

手臂充分打开，从后往前做大绕环

04 从身体后方继续向上环绕，手臂保持伸直。

05 向上绕至头顶上方，完成一个大绕环。新一轮的大绕环从向前、向下开始。

手臂伸展 | 热身活动

扫一扫，看视频

01 双脚自然分开，挺胸抬头，双手分别放于身体两侧，掌心朝内，目视前方。

02 右臂向左水平伸直，左臂向前、向上屈肘，右臂置于左臂内，左臂将右臂拉向身体，使右臂肌肉有拉伸感。

03 保持动作 20 秒，换左臂重复同样的拉伸动作。

其他角度 ⚑

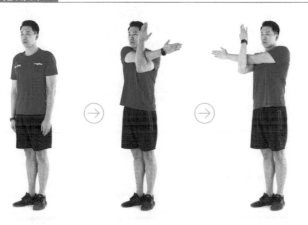

知识点

无论是哪种泳姿，手臂的划水动作都不能缺少。该动作能对上臂肌肉起到很好的拉伸作用，使划水更加有力、顺畅。

熟悉水性

自由泳

仰泳

蛙泳

蝶泳

出发、转身与终点技术

自救与施救的常用方法

体能训练

扩胸运动 | 热身活动

扫一扫，看视频

知识点

扩胸运动可以充分锻炼胸部肌肉，有利于增强划水时的动力。

01 双脚自然分开，挺胸抬头，双手分别放于身体两侧，掌心朝内，目视前方。

02 双臂抬起至胸前，屈肘保持水平，掌心向下，同时向后震动2次。

双臂打开至与肩呈一条直线，同时向后震动

扩展提示

提高划水速度

通过手臂的震动来锻炼胸部肌肉，从而提高划水速度。

03 手臂向外侧平展，掌心向上，同时向后震动。恢复起始姿势，重复规定的次数。

腰部扭动 | 热身活动

扫一扫，看视频

游泳准备活动

熟悉水性

自由泳

仰泳

蛙泳

蝶泳

出发、转身与终点技术

自救与施救的常用方法

体能训练

上身向左
侧转动

01 双脚自然分开，挺胸抬头，双手分别放于身体两侧。接着双臂向前抬起，指尖相对。

02 向左侧转动肩膀，同时带动髋部向同侧转动。然后身体右转，使双臂回到中间位置。

知识点

腰部对划水和打水起重要作用，腰部的灵活性与下水后身体的柔韧性和打水效率有着紧密关系。

上身向右
侧转动

03 双臂收回落下，然后双臂继续向前抬起，指尖相对，向身体右侧转动。恢复起始姿势，重复规定的次数。

流线型伸展 | 热身活动

扫一扫，看视频

知识点

流线型的身体姿势受阻力最小。因此可以在游泳前，先在陆地上练习，以掌握正确的流线型身体姿势。

双手交叠，
向上伸直

01 双脚自然分开，挺胸抬头，双手分别放于身体两侧，掌心朝内，目视前方。

02 双臂向上伸直，举过头顶，双手在头部上方交叠，然后肩胛骨上提，胸部和腰部也同时发力。保持该姿势 3~5 秒。保持双臂姿势不变，两侧肩胛骨下沉。肩胛骨交替上提、下沉至规定的次数。

其他角度

扩展提示

错误姿势

在游泳时，如果手腕和肘部经常弯曲，会导致躯干弯曲，动作不流畅，增大游泳时的阻力。

俯身扬手臂 | 热身活动

扫一扫，看视频

游泳准备活动

熟悉水性

自由泳

仰泳

蛙泳

蝶泳

出发、转身与终点技术

自救与施救的常用方法

体能训练

双臂充分打开

01 双脚分开，略宽于肩。身体直立，挺胸抬头，双手放于身体两侧，目视前方。

02 向前俯身，右臂向下伸直，左臂上扬至头顶上方，双臂都充分打开，并保持动作3~5秒。

03 然后换左臂向下、右臂向上，充分打开手臂。如此交替进行，重复规定的次数。

其他角度 ⊕

知识点

此动作可以使手臂肌群充分伸展，有利于游泳时延长划水距离，使游泳速度更快。

屈膝环抱提拉 | 热身活动

左腿向上
提拉

01 双脚自然分开，挺胸
抬头，双手分别放于
身体两侧，掌心朝内，
目视前方。

02 双手抱住左腿膝关节，
屈膝向上提起，重心
落于右腿上。

03 抱住膝关节继续向上
提拉，保持 3~5 秒。

其他角度 ❧

小提示 单腿撑地时，保持核心收
紧和身体稳定。如果想提
升动作难度，可双手抱于
小腿处进行提拉。

知识点
屈膝环抱提拉可以很好地
拉伸大腿后侧肌群，使腿
部肌肉充分伸展，增加髋
关节灵活度，从而更好地
增强打水的动力。

扫一扫，看视频

右腿向上
提拉

04 然后收回落下，恢复起始姿势。

05 双手抱住右腿膝关节，屈膝向上提起，重心落于左腿上。

06 抱住膝关节继续向上提拉，然后收回落下。两侧交替，重复规定的次数。

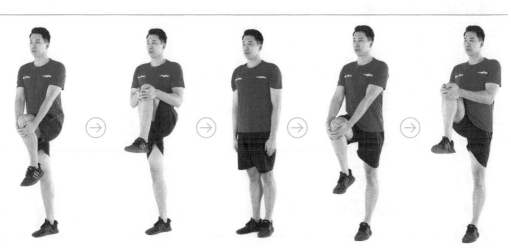

侧压腿 | 热身活动

知识点

侧压腿可以拉伸腿部肌肉，增强游泳时腿部的柔韧性。

01 双脚自然分开，挺胸抬头，双手分别放于身体两侧，掌心朝内，目视前方。

左腿下压

02 左脚向左迈一大步，屈膝下压，右腿伸直。同时双臂屈肘，双手在头部下方抱拳。

扩展提示

双手抱拳

双手在头部下方抱拳，有助于收紧核心，并保持身体平衡。

右腿下压

03 左腿收回，换右腿向右迈一大步，屈膝下压，左腿伸直。如此交替进行，重复规定的次数。

弓步伸展 | 热身活动

扫一扫，看视频

保持身体稳定，向上伸直手臂

01 双脚自然分开，挺胸抬头，双手分别放于身体两侧，掌心朝内，目视前方。

02 左腿向后迈一大步，脚尖撑地。右腿屈膝至大腿与地面平行。同时双臂在体前屈肘上抬，掌心相对。

03 保持核心收紧，双臂向上伸直，举过头顶。保持动作3~5秒。恢复起始姿势，重复规定的次数。

其他角度 ⊙

知识点

弓步伸展可以拉伸髋部周围的肌肉，提高髋关节的灵活性。手臂向上伸展，有利于锻炼身体在水中保持流线型姿势的能力。

游泳准备活动

熟悉水性

自由泳

仰泳

蛙泳

蝶泳

出发、转身与终点技术

自救与施救的常用方法

体能训练

螃蟹走 | 热身活动

01 双手向后撑于地面，手臂伸直。双腿屈膝 90 度，双脚和双手支撑整个身体。

02 左腿和右手同时向前移动，保持腹部肌肉收紧。

知识点

螃蟹走练习要求移动过程中核心和臀部肌肉用力，尽量使上身与大腿呈一条直线，所以对颈、肩、脊柱等都有很好的锻炼效果。

扫一扫，看视频

在行走过程中注
意不要塌腰

03 换右腿向前迈步，同时左手向前移动。移动时注意保持身体平稳，将身体的重心落在双手与双脚上。

04 左右交替，手脚协调、有节奏地匀速向前走至规定的次数。

扩展提示

有节奏地移动

移动过程中保持身体平稳，速度不宜过快或过慢，避免同侧手脚一起移动。

小提示 训练时应尽量选择地面平整、面积较大的地方。

游泳准备活动

熟悉水性

自由泳

仰泳

蛙泳

蝶泳

出发、转身与终点技术

自救与施救的常用方法

体能训练

弹力带侧移

移动时弹力带始终处
于拉紧的状态

01 双脚分开，与肩同宽，将弹力带绕过双脚踝。身体直立，双手放于身体两侧。

02 向前俯身，双腿屈膝下蹲至膝关节屈曲 90 度。双臂向上屈肘至体前，掌心相对。

03 保持半蹲姿势，左腿向左侧迈步，同时右臂向前摆动，左臂向后摆动。

知识点
弹力带侧移能锻炼身体的力量与稳定性。

小提示
运动过程中，注意核心收紧，背部不要屈曲，保持躯干稳定。移动中膝关节始终正对脚尖，保持腰椎和骨盆稳定。重心放低，侧跨步时感受臀部肌群的收缩。一侧腿发力向外侧移动时呼气，另一侧腿跟进时吸气。

扫一扫，看视频

保持双膝分离，防止膝
内扣，脚尖指向前方

04 右腿向左侧跟步，换左臂向前摆动，右臂向后摆动。手脚协调地侧移至规定的次数。

游泳准备活动

熟悉水性

自由泳

仰泳

蛙泳

蝶泳

出发、转身与终点技术

自救与施救的常用方法

体能训练

扩展提示

弹力带的阻力

利用弹力带进行抗阻训练，可以锻炼全身大部分的肌肉。弹力带阻力大小取决于弹力带的磅数及运动中弹力带拉伸的程度。

大字跳跃运动 | 热身活动

知识点

大字跳跃运动可以锻炼全身肌群，增强身体力量与爆发力，还有助于锻炼心肺功能。

跳开的同时
手臂打开

01 双脚自然分开，挺胸抬头，双手分别放于身体两侧，掌心朝内，目视前方。

02 双脚向两侧跳开，同时双臂向身体两侧打开。

扩展提示

起跳动作

腿部、臀部发力，充分伸展髋、膝、踝关节，从而获得最高的跳跃高度。跳跃过程中，膝和脚尖一致向前。

游泳准备活动

熟悉水性

自由泳

仰泳

蛙泳

蝶泳

出发、转身与终点技术

自救与施救的常用方法

体能训练

小提示 整个跳跃过程中，核心收紧，躯干保持稳定。

03 落地时，双臂侧平举，身体成大字形。再次向上跳起，双脚并拢，双臂向上移动。落地时，双臂向上伸直。第三次向上跳起，落地时回到大字形姿势。第四次向上跳起，落地时回到起始姿势。重复规定的次数。

其他角度 ⬇

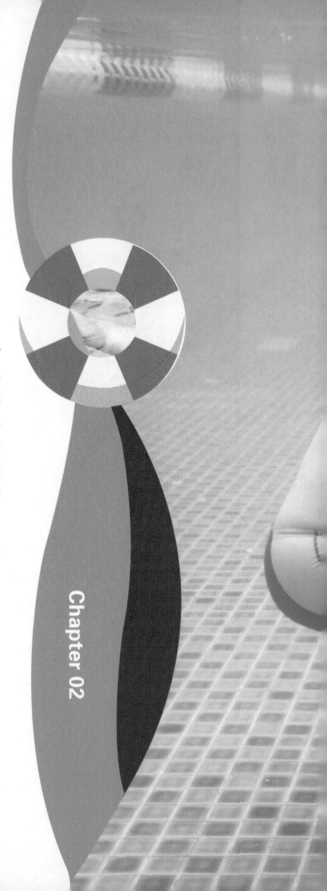

第二章
熟悉水性

在初次入水时，大部分人都会有恐水的心理，因此要进行熟悉水性的练习。练习者可多与水接触，充分体会在水中的乐趣，来慢慢适应水环境。水性练习从岸边打水开始，然后进入水中，再到利用浮板练习，最后脱离浮板进行练习，如此循序渐进地进行。

熟悉水性介绍

因为游泳是一项在水中的运动，所以想要较好地完成游泳运动就需要对水的特性有一定的了解，从而有效地学习游泳。

◉ 游泳的升力推进力

推动人体在水中前进的力被称为游泳的推进力，升力推进力是其中一种。升力推进力能否产生取决于手掌与流经手掌的水流方向所形成的倾斜角（攻角）、手臂的运动轨迹与速度。依照伯努利原理，攻角合适时，水流经手掌与手背的速度是不一样的，所以手掌与手背受力不同，从而产生升力。

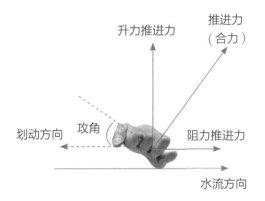

◉ 游泳的阻力推进力

利用水具有阻力的特性，通过身体向后划水的动作，对水施加一个向后的作用力，人体的冲量作用于水且改变了水粒子的动量，水便会给人相反方向的冲量，也就是向前的作用力，这种利用水的阻力获取的游进推进力，被称为阻力推进力。在游泳中，当手臂沿着身体纵轴由前向后划水，与水流相对的掌心一面形成流体高压区，手背一面形成流体的负压涡流区，由此形成了推动人体前进的阻力推进力。

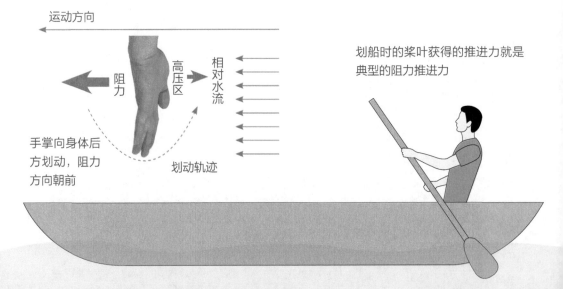

划船时的桨叶获得的推进力就是典型的阻力推进力

● 划水

　　在游泳时手划动的动作即是划水。在自由泳、仰泳和蝶泳中划水贡献了大约70%的推进力，蛙泳的主要推进力源于打水。不同泳姿的划水动作虽然不尽相同，但是动作流程几乎相同。划水的动作流程主要为：指尖入水－手掌抓水－划动抓住的水－向后推水－手臂返回前方，不断循环上述手臂动作。其中蛙泳的划水都是在水中进行的。

　　划水时，多抓水是快速游泳的关键。靠蛮力划动手臂，水只会从手中穿过，不能给予身体向前的作用力。抓水时要放松手掌，手指像抱住水一样，轻轻展开，同时手腕弯曲，肘关节高于手臂，在指尖到肘部的范围内多抓水，向前运动的速度就会变快。

自由泳划水

仰泳划水

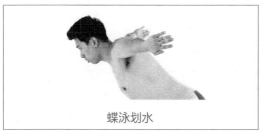

蝶泳划水

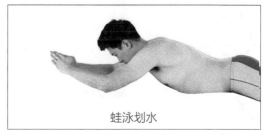

蛙泳划水

● 打水

　　打水也是游泳运动中非常重要的技术，其要领是利用脚背、脚腕和脚掌抓水，以保持身体的平衡和获取推进力。四种泳姿中，自由泳、仰泳和蝶泳打水的动作有共同点，蛙泳的打水动作相对复杂，也比较特殊。自由泳、仰泳和蝶泳是脚腕发力，以脚背抓水，脚像鞭子抽打水面一样将水推向后方，以获取推进力。蛙泳是脚跟向臀部收紧，翻转脚腕，以脚掌抓水，脚再推向后面，以获取推进力。打水需要抓好时机，多抓水是提高游泳速度的关键。

自由泳打水

仰泳打水

蝶泳打水

蛙泳打水

熟悉水性练习

岸边踢水﹨扶住池边入水

岸边踢水 ≫

扫一扫，看视频

01 坐于池边，双手在身后撑地，双腿向前伸直，使双腿置于水面上方，脚背绷直，腹部肌肉保持收紧。

右腿上打水，左腿下打水

02 右腿大腿带动小腿上摆，进行上打水；左腿进行下打水，同时入水。

右腿下打水，左腿上打水

03 右腿大腿带动小腿向下摆动，进行下打水；同时左腿向上方摆动，进行上打水。上下交替打水。

扫一扫，看视频

游泳准备活动

熟悉水性

自由泳

仰泳

蛙泳

蝶泳

出发、转身与终点技术

自救与施救的常用方法

体能训练

01 背对泳池，双手扶栏杆，双脚稳踏在最上层的台阶上。

02 左脚下一个台阶。

03 右脚再下一个台阶。

04 双脚轮流下台阶，直至双脚踩在池底。

小提示 初次入水，安全是重中之重。下水的时候要背对泳池，手扶栏杆，一步一步稳稳地进入水中。另外，站在泳池中看水，会减轻对水的恐惧。

浮板水性练习／呼吸练习

熟悉水性练习

双手抓握浮板，将浮板贴在腹部与胸部前方，让身体逐渐下降，直至肩膀没入水中。双腿屈膝，大腿尽量向浮板靠近，让身体自然浮起。此练习可进一步感知水的特性，体会身体在水中的浮感与平衡感。

小提示　练习者应该在水深符合自己身高的位置进行浮板水性练习，有助于双脚在身体失去平衡的时候及时触池底，站稳。

01 双手抓紧泳池的边缘，身体呈俯卧姿势，头部在水面上抬起。

02 深吸一口气，将面部没入水中，憋气3~5秒。

知识点

换气的过程中要注意，吸入空气不要太多，否则不利于在水中憋气。对于初学者，吸入的空气在最大吸气量的 60% 即可，这样有利于压缩吸入的空气，增加憋气的时间。

03 然后一边抬头，一边用鼻子和嘴巴慢慢向外呼气。

04 面部移出水面且呼气完毕后，重复进行呼吸练习。

扩展提示

呼气

嘴巴和鼻子都可以用来呼气。嘴巴呼气类似吐小泡泡，鼻子呼气类似发出拼音"m"的声音。

游泳准备活动

熟悉水性

自由泳

仰泳

蛙泳

蝶泳

出发、转身与终点技术

自救与施救的常用方法

体能训练

熟悉水性练习

浮板呼吸练习／憋气练习

01 双臂伸直，双手在头顶上方抓住浮板，双腿伸直，保持流线型姿势。深吸一口气，将面部没入水中。

呼气完毕后抬头

02 憋气一段时间后，在水中呼气，同时抬头，面部露出水面再次吸气。此过程中保持双腿打水动作。如此进行反复练习。

 知识点

呼气过程中，呼气的时间越长越好，但呼气过程不能断断续续（容易呛水），应均匀持续呼气。如果憋气时感到不舒服，应该及时停止练习，防止受伤。

手臂与大腿都
保持水平

先在泳池中站好，可以手扶池壁，然后深吸气，慢慢屈膝，降低身体重心。背部挺直，双臂向前伸直，最终双臂和大腿保持水平。感到憋气困难时，呼气，直立站起。

小提示　手臂和大腿保持水平，背部挺直，尽力保持身体重心稳定，体会在水中的平衡感。

错误姿势 ⊗

▲ 双臂与双腿未处于水平状态，重心不稳。

游泳准备活动

熟悉水性

自由泳

仰泳

蛙泳

蝶泳

出发、转身与终点技术

自救与施救的常用方法

体能训练

熟悉水性练习

手掌触碰池底 / 俯卧漂浮

扫一扫，看视频

手掌触碰池底 »

双手触摸池底

站立于泳池中，深吸一口气，然后双腿屈膝，使身体渐渐进入水中。上身前倾并挺直，双臂向下伸直至双手触碰泳池的底部，支撑身体。保持憋气一段时间，然后呼气，站起。如此反复练习。

错误姿势 ⊗

▲ 双手未触碰到池底。

▲ 上身过于前倾，重心不稳。

扫一扫，看视频

游泳准备活动

熟悉水性

自由泳

仰泳

蛙泳

蝶泳

出发、转身与终点技术

自救与施救的常用方法

体能训练

在水中，身体呈流线型姿势

站立于泳池中，深吸一口气，双腿屈膝蹬地，身体向前、上漂浮。双手相叠向前伸展，双腿逐渐向后伸展，身体呈流线型姿势俯卧漂浮。保持身体的轻松状态，眼睛向下看。

小提示

刚开始练习时，如果在漂浮过程中出现身体下沉的情况，要憋住气，身体在短暂的下沉后会浮起。

变式

▲ 大字形俯卧漂浮。

知识点

大字形俯卧漂浮、首先站在泳池中，俯身向下，然后双臂向两侧伸直打开，双腿向后方伸直，向两侧打开。同样保持脸部朝下，全身放松，尤其是颈部与肩部。

熟悉水性练习

浮板仰卧漂浮／仰卧漂浮

浮板仰卧漂浮 ≫

扫一扫，看视频

01 站在泳池中，双臂十字交叉放在浮板上，双手握住浮板前端两侧。

保持身体放松

02 深吸一口气，上身后仰，双腿伸直。保持身体放松，憋气，让身体自然浮在水面上。建议保持 10 秒，重复练习。

小提示 注意浮板要紧贴腹部和腰部，否则如果腰腹力量不足，则会出现腰部下沉的情况。

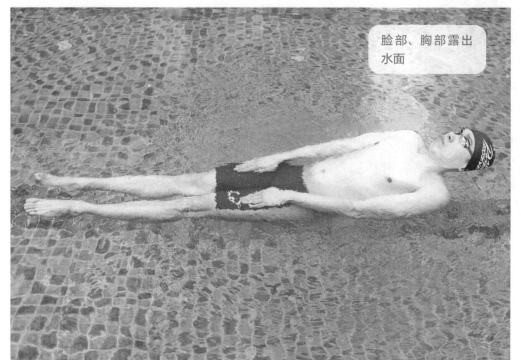

脸部、胸部露出水面

站立于泳池中，向后蹬地，上身后仰，双臂伸直，双手贴在大腿上，使身体在水面呈仰卧姿势漂浮。背部伸直，保持放松。坚持 10 秒后，双膝向胸部位置贴近，臀部慢慢降低，双脚站于池底，恢复原来的姿势。重复练习。

变式 ♣

▲ 大字形仰卧漂浮。

知识点

大字形仰卧漂浮同上面的仰卧漂浮动作相似，不同的是，双臂向两侧伸直打开，双腿也向两侧伸直打开。注意肩关节要打开，下巴微微抬起，躯干挺直。

游泳准备活动

熟悉水性

自由泳

仰泳

蛙泳

蝶泳

出发、转身与终点技术

自救与施救的常用方法

体能训练

水中滑行

熟悉水性练习

01 站在泳池中，双臂向前伸展打开。

03 利用腹部的力量，让身体漂浮起来。双臂外划后，向内划。深吸一口气，头部准备没入水中。

小提示　水中滑行过程中，要注意：双臂不能弯曲，应向头部前方伸直，带动肩部、胸部一起向前；双手交叠，手指前伸；背部平直；脚背绷直。

扫一扫，看视频

游泳准备活动

熟悉水性

自由泳

仰泳

蛙泳

蝶泳

出发、转身与终点技术

自救与施救的常用方法

体能训练

下巴上抬

02 双腿屈膝，双臂由内向外划，抱水，身体呈俯卧姿势漂浮于水面。

眼睛看向池底

04 深吸气后头部没入水中，双腿向后伸展，双臂向前伸直，将头部夹在中间，整体呈流线型姿势。保持该姿势，身体向前滑行 5~8 米，并重复练习 6~8 次。

扩展提示

流线型手臂姿势

双手交叠，掌心朝下，指尖绷紧且朝前，双臂夹于头部两侧，向前伸直。

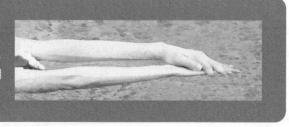

第二章

熟悉水性

蹬池壁浮板滑行

熟悉水性练习

01 站立于泳池中，双臂向前伸，双手扶住浮板。背部朝向池壁，略微踮起脚尖，身体与池壁接近。

04 在双脚蹬池壁的作用下，身体向前、向上跃出，从手臂、肩部到上身都舒展开。

扫一扫，看视频

游泳准备活动

熟悉水性

自由泳

仰泳

蛙泳

蝶泳

出发、转身与终点技术

自救与施救的常用方法

体能训练

手臂保持向前伸直

02 深吸一口气，双腿屈膝，使头部没入水中，保持憋气。双臂伸直，夹在头部两侧。

03 双脚蹬池壁，推动身体向上移动。

颈部保持放松，眼睛看向池底

05 直至双脚向后伸直，身体呈流线型姿势伸展开。保持滑行5~8米，重复练习5~8次。

知识点

可以通过一些练习强化肌肉记忆，让身体习惯性地保持流线型姿势，如经常练习背部贴墙站立，双臂向上举起，头部、肩胛骨、臀部、脚跟四个部位贴墙壁，保持一段时间。

小提示 以流线型姿势滑行时，记住身体的感觉，并感受阻力的大小变化。

熟悉水性练习

蹬池壁滑行

01 站立于泳池中，背部朝向池壁，略微踮起脚尖，尽量靠近池壁。深吸一口气，双腿屈膝，使头部没入水中。

03 双脚向后、向下用力蹬池壁，同时双臂伸直，向头部上方抬起，上身为俯卧姿势。

知识点

滑行时，注意要做到以下方面：收下巴，眼睛看向池底；双臂、双腿伸直，全身放松，尤其是肩部；入水前吸足气，保持憋气，滑行一段距离；脚跟尽量伸向水面。

小提示 蹬池壁时双腿并拢，双脚用力，身体滑行的距离才能更远。

02 双腿继续屈膝，身体随之下移，下巴内收，双臂屈肘上抬。

04 借助双脚蹬池壁的力量，双腿彻底打开，身体向上跃起。

05 手臂前伸，带动肩部、胸部向前，臀部贴近水面，身体呈流线型姿势，向前滑行一段距离。

游泳准备活动

熟悉水性

自由泳

仰泳

蛙泳

蝶泳

出发、转身与终点技术

自救与施救的常用方法

体能训练

第三章
自由泳

　　自由泳严格来说不是一种泳姿，其是指在自由泳比赛中不限制泳姿。而在所有的泳姿中，爬泳游进的速度最快，所以为了争取更快的游进速度，比赛者倾向于用爬泳的姿势进行自由泳比赛。因此，自由泳比赛也就成了使用爬泳泳姿的比赛，爬泳就被称为自由泳了。

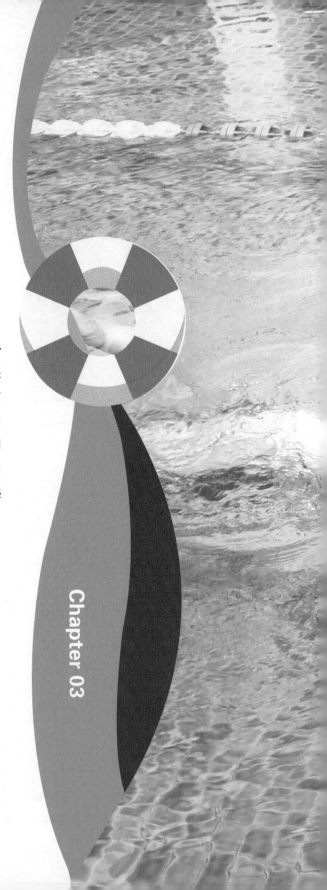

Chapter 03

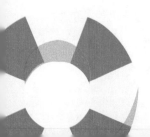

自由泳介绍

　　自由泳是十分有代表性的泳姿，也是很多初学者最先学习的泳姿。在四种泳姿中，游进速度最快的是自由泳，但前提是要采用正确的动作。所以，首先要检查自己的动作是否正确，然后学习如何加快游进的速度。

◉ 自由泳身体姿势

　　在自由泳的动作中，手臂的划水动作是推进力的主要来源。因此手臂入水和前伸的动作需要轻柔，最大限度地减小入水动作形成的阻力。入水后，手臂迅速前伸后，完成抱水动作。从指尖开始抱水，接着弯曲肘部，通过手掌、前臂内侧，向身体后方推水。

容易出现的错误

在抱水时，肘部的位置如果过低，
会使肘部不容易弯曲，即使勉强用力，
也很难起到抱水的作用。

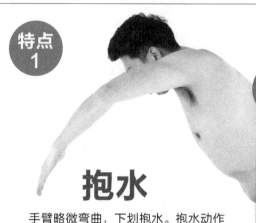

特点 1

抱水

手臂略微弯曲，下划抱水。抱水动作的标准程度对游进的速度非常重要。

特点 2

划水

运用手掌将划进来的水由胸部向后推至大腿，手腕要灵活。随着速度的提高，划水的幅度变小。

特点 3

打水

下打水有力，上打水放松。打水的动作产生的推进力较小，主要作用是保持身体的平衡和减小阻力。双腿的动作要连贯、协调。

特点 4

身体转动

有节奏的身体转动是顺利游进的重要基础。转动时应尽量保持肩、躯干、臀部作为一个整体进行转动。

腿部动作

陆上腿部练习／抱板打水练习

扫一扫，看视频

01 横坐在训练凳上，双手在身体两侧支撑身体，双腿向前伸展，膝关节伸直，绷紧脚背。

腿伸直，脚背绷直

02 左腿大腿带动小腿上摆（上打水）。脚背始终保持绷紧。右腿则同时下摆（下打水）。

小提示 脚背始终绷直，用腿打水。

03 左腿转入下摆（下打水），大腿带动小腿向下摆动。右腿则同时上摆（上打水）。如此反复练习。

扫一扫，看视频

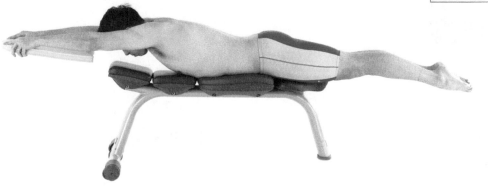

01 俯卧在训练凳上，双臂向前伸展，双手握住浮板前端两侧。双脚向后伸直，脚背绷直，稍稍内旋。

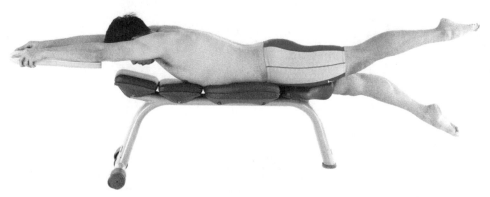

02 左腿大腿带动小腿上摆，进行上打水，踝关节伸展但保持放松。右腿则同时下摆，进行下打水。

直腿打水，脚背绷直

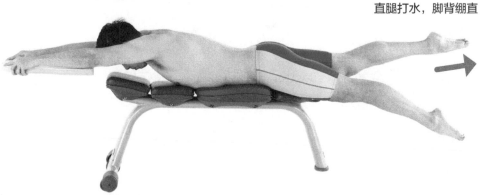

03 左腿上打水至略高于臀部，大腿停止摆动，转入下打水。右腿同时转入上打水。反复练习。

游泳准备活动

熟悉水性

自由泳

仰泳

蛙泳

蝶泳

出发、转身与终点技术

自救与施救的常用方法

体能训练

腿部动作

自由泳腿部动作

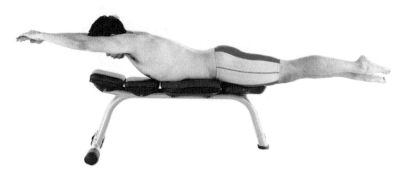

01 身体俯卧在训练凳上，双臂向前充分伸展，两手交叉相叠，双腿向后充分伸展，双脚脚背绷直，脚尖稍稍朝内。

膝微屈，脚背绷直

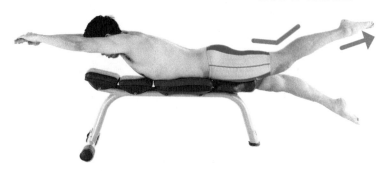

02 左腿发力，大腿带动小腿向上摆，摆动幅度不超过 30 厘米。膝部可以微屈，但脚踝不能屈曲。右腿下打水。

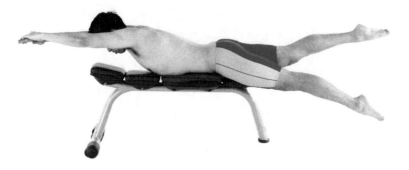

03 左腿上打水至略高于臀部，大腿停止摆动，小腿在惯性的作用下还会有向上鞭打的效果；然后左腿转入下打水。右腿接着上打水。

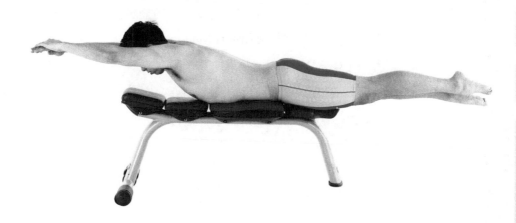

04 双腿交替摆动，反复练习。

小提示 打水的幅度会随着速度的提高而变小。

其他角度 ▲

游泳准备活动

熟悉水性

自由泳

仰泳

蛙泳

蝶泳

出发、转身与终点技术

自救与施救的常用方法

体能训练

腿部动作

半陆半水打水、扶住池边打水

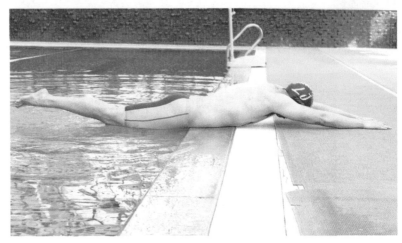

01 俯卧在泳池边沿，泳池的边沿刚好在腹部下沿。双手向前伸直，下巴内收。双腿向后伸直。

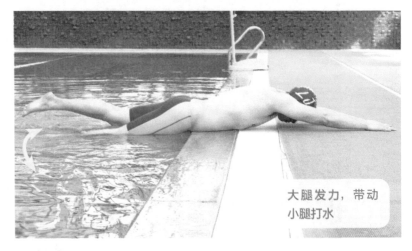

大腿发力，带动小腿打水

02 保持身体稳定，大腿发力，双腿交替打水。打水时，大腿发力，带动小腿做鞭状打水动作。打水的幅度控制在双脚之间的距离为30厘米左右。

小提示 腿部打水时，膝关节打开，踝关节伸展，脚背绷直，大腿带动小腿运动，这样会形成鞭打式的轨迹，动作更加协调，并且充分发挥了脚踝的力量。

扫一扫，看视频

游泳准备活动

熟悉水性

自由泳

仰泳

蛙泳

蝶泳

出发、转身与终点技术

自救与施救的常用方法

体能训练

知识点 🥽

大腿根部肌肉发力，用脚背与脚掌打水。

其他角度 ☝

01 站在泳池中，双手扶住泳池边缘，抬起头部，肩部放松，双脚在池底站稳。

右腿上打水
左腿下打水

02 双腿借助水的浮力脱离池底向后伸直，与躯干呈一条直线。同时右腿大腿发力带动小腿和脚部上打水，左腿下打水。

右腿下打水，左腿上打水

03 当整个右腿与水面接近平行时，换左腿发力向上方移动。双腿轮流进行打水训练。

扩展提示

小腿不露出水面

上打水时，要注意控制小腿不要露出水面，脚掌只可以接近水面，脚尖绷紧、绷直，否则会导致身体下沉，而且难以获得水的反作用力。

腿部动作

扶住池边浸水打水／浮板有呼吸打水

01 站在泳池中，双手扶住泳池边缘，抬起头部，肩部放松，双脚在池底站稳。

左腿上打水，右腿下打水

02 深吸一口气，脸部浸入水中，双腿向后伸直，腹部发力收紧，憋气，双侧大腿发力，左腿上打水，右腿下打水。

左腿下打水，右腿上打水

03 当整个左腿与水面接近平行时，换右腿向上方移动。双腿轮流进行打水训练。注意换气。

扫一扫，看视频

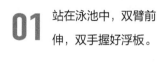

01 站在泳池中，双臂前伸，双手握好浮板。

02 双腿向后打开，伸直，并交替原地打水。下巴抬起，均匀呼吸。

下巴抬起

03 双脚持续交替打水，体会身体在水中漂浮的感觉。

小提示 正确运用大腿发力，熟练掌握双腿鞭状的打水节奏。

其他角度 ⬇

游泳准备活动

熟悉水性

自由泳

仰泳

蛙泳

蝶泳

出发、转身与终点技术

自救与施救的常用方法

体能训练

第三章

自由泳

腿部动作

浮板无呼吸打水／配合呼吸打水

扫一扫，看视频

01 站在泳池中，双臂向前伸直，双手握住浮板。

头部入水，憋气

02 深吸一口气，同时双腿向后伸展打开，头部浸入水中，憋气。双腿交替打水。

03 保持流线型身姿，运用腰部力量使身体漂浮起来，双腿持续打水。重复练习 3~5 次。

扫一扫，看视频

游泳准备活动

熟悉水性

自由泳

仰泳

蛙泳

蝶泳

出发、转身与终点技术

自救与施救的常用方法

体能训练

小提示

换气时，吸入的气体量为最大吸气量的60%即可，这样有助于将吸入的气体进行压缩，延长在水中的憋气时间。

01 站在泳池中，双臂前伸，握住浮板。

02 双腿向后伸直，使身体俯卧在水中，保持身体的流线型姿势。下巴上抬，双腿交替打水，推动身体前进。

03 然后深吸一口气，头部浸入水中，憋气，然后慢慢将气体吐出。双腿保持交替打水。

04 感觉在水中呼气接近完毕，头部出水，将剩余的气一并呼出，借助呼气的反作用力，深吸一口气。如此保持游进10~20米。重复练习3~6次。

第三章
自由泳

腿部动作

徒手漂浮打水

01 站在泳池中，肩部以下浸入水中。双臂在身体两侧，保持身体平衡。

全身放松，双脚交替打水

03 身体呈流线型姿势，两手相叠，双臂前伸。眼睛向下看。右腿大腿带动小腿向上打水，左腿向下打水。

小提示　注意上打水时，小腿不能露出水面，否则这条腿在下打水时难以获得水的反作用力，且容易造成身体下沉。

吸气后入水，
保持憋气

02 深吸一口气，憋气，头部入水，双臂、双腿分别向前、向后伸展，俯卧于水上，保持憋气。

04 当右腿向上接近水面平行时，右腿开始转入下打水，左腿开始转入上打水。双腿交替打水，推动身体前进。

 知识点

腿部打水的重点在于大腿发力，膝关节与踝关节都充分伸展，且保持一定的放松度和柔韧性，这样才能形成鞭状打水。

游泳准备活动

熟悉水性

自由泳

仰泳

蛙泳

蝶泳

出发、转身与终点技术

自救与施救的常用方法

体能训练

自由泳手臂动作

手臂动作和呼吸

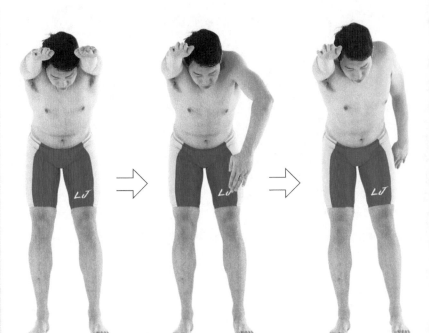

01 双腿开立，近于肩宽，上身前俯，模仿水中上身俯卧的姿势。双臂向头部上方打开伸直。

02 右臂保持不动，左臂略微屈肘，向下划。手掌伸直，与前臂在同一直线上。

03 左臂下划后，向后、向上划至左侧大腿的一侧。

其他角度

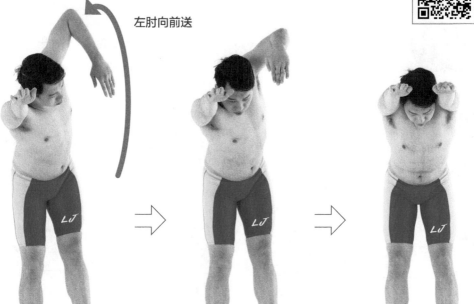

扫一扫，看视频

左肘向前送

04 左臂从大腿后侧出水，小指先出水，然后肘部高抬。上身稍稍转向左侧。

05 在肩关节的带动下，左臂在身体一侧从后向前移动，即空中移臂。上身随之向回转。

06 左臂一直向前移动，手部的动作要领先肩部，然后手从头部前方，充分伸展，入水。

小提示 手臂从手部入水开始，经历了抱水、内划、上划、出水、空中移臂，然后再次从头部前方入水的过程。

游泳准备活动

熟悉水性

自由泳

仰泳

蛙泳

蝶泳

出发、转身与终点技术

自救与施救的常用方法

体能训练

出水移臂

手臂动作和呼吸

知识点

出水移臂，包括手臂的出水与空中移臂两个动作。

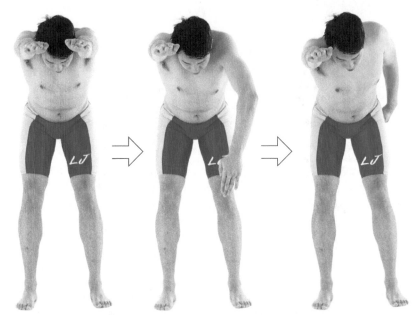

01 双腿开立，近于肩宽，上身前俯，双臂向头部上方伸直打开。

02 右臂保持不动，左臂略微屈肘，向下划。

03 左臂下划后，向后、向上划至左腿大腿一侧。

其他角度 ✦

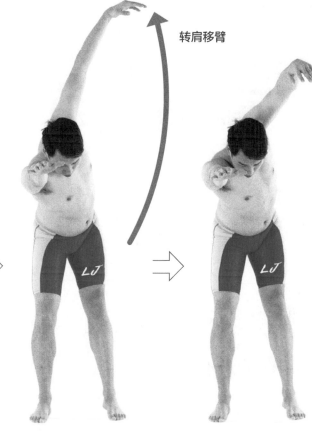

转肩移臂

04 左臂开始出水，小指先出水，在肩关节带动下，上身左转，左臂抬高。

05 左臂向头部前方移动。

06 左臂前伸至头部前方，直至双臂平行。身体随之转向正面。

游泳准备活动
熟悉水性
自由泳
仰泳
蛙泳
蝶泳
出发、转身与终点技术
自救与施救的常用方法
体能训练

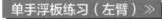

第三章

自由泳

单手浮板练习（左臂）

手臂动作和呼吸

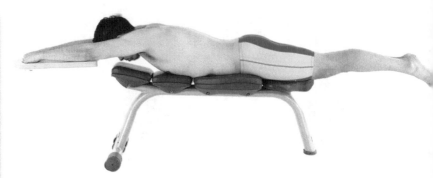

01 身体俯卧在训练凳上，双手握紧浮板，双臂向前伸直，双腿向后充分伸展，双脚脚背绷直，脚尖稍稍朝内。

03 左臂下划后，再向后划至左腿大腿一侧，身体随之向左转动，脸部露出水面，吸气。同时左腿转入下打水，右腿转入上打水。

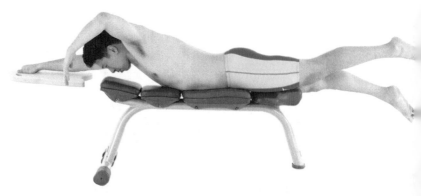

05 左臂出水后向前上方移动，肩关节自然内旋。

游泳准备活动

熟悉水性

自由泳

仰泳

蛙泳

蝶泳

出发、转身与终点技术

自救与施救的常用方法

体能训练

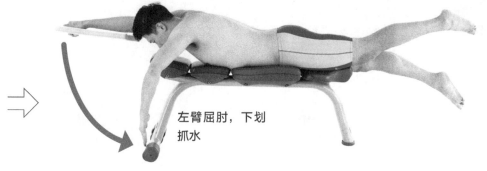

左臂屈肘，下划
抓水

02 右手握紧浮板，右臂伸直，保持不动，左臂略微屈肘，向下划。同时左腿上打水，右腿下打水。

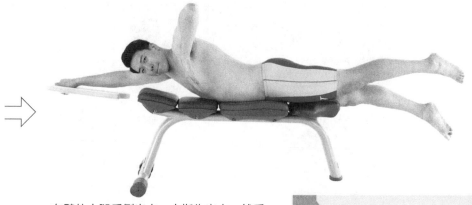

04 左臂从大腿后侧出水，小指先出水，然后肘部高抬。腿部交替打水。

小提示 左臂向下划至大腿一侧的同时转头吸气，注意动作的协调配合。

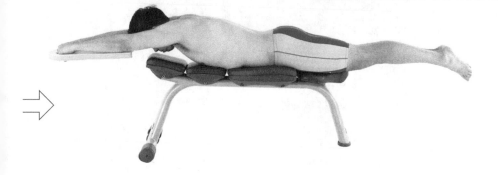

06 左臂一直向前移动，手部的动作要领先肩部，然后手臂在头部前方充分伸展，入水，恢复为初始姿势。

第三章
自由泳

手臂动作和呼吸

半陆半水划水／自由泳换气要点

01 俯卧在泳池边沿，身体和泳池边沿保持平行。手臂前伸。

02 右臂从头部前方入水，然后抱水。

03 右臂向身后推水，推至大腿附近、接近水面。

04 右臂出水，小指先出水，然后肘部抬高，在空中向前移臂。

05 前移至头部前方，右肩的延长线上（与身体平行）。

06 右臂向前伸直，与左臂平行，放在泳池边沿。重复练习。

在自由泳中，呼吸需要抓好时机。呼吸的时机不对会造成一些不良后果。把握呼吸的时机对游泳新手来说尤其重要。

◉ 配合手臂划水动作，自然呼吸

在划水过程中，根据双臂的动作，头部会稍稍露出水面。

要在手臂划过头顶之前吸气。因为在手臂到达头顶上方时吸气，激起的水花会进入口中。呼吸时没必要把整个头部露出水面，把鼻子和嘴巴露出水面就可以呼吸。如果用嘴吸气，只要让嘴露出水面就可以，呼气的动作在水中就可以完成。

因此，没有必要过于夸张地向上抬头，也不必大幅度侧倾。

◉ 换气时，移臂抱水

自由泳换气时，前臂向下划，进行移臂抱水动作，在这个过程中，手腕不要屈曲，肘部处于高位，同时头部转向一侧并露出水面。正确的抱水动作可以为后面的划水动作打好基础，从而获得更多的推进力。

小提示

如果为了呼吸，抬头过高，很容易重心后移，使身体受到的阻力加大，双臂划水的动作也会受到影响。

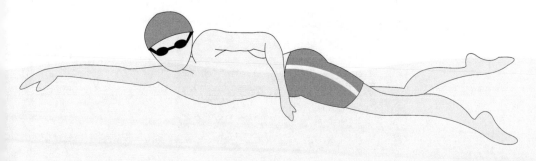

游泳准备活动

熟悉水性

自由泳

仰泳

蛙泳

蝶泳

出发、转身与终点技术

自救与施救的常用方法

体能训练

第三章
自由泳

转肩

手臂动作和呼吸

肩膀向左
转动

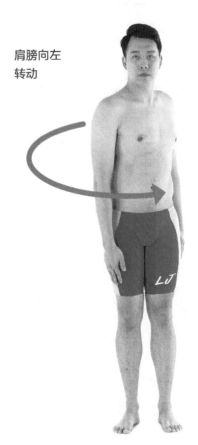

01 身体直立，双脚自然分开，双手放于身体两侧，挺胸抬头，目视前方。

02 保持手臂和头部不动，向左转动肩膀。

扩展提示

转肩有助于换气流畅

颈部转动的范围有限，但是肩膀可以大幅度地转动。在转肩时尽量保持只转动肩膀。熟悉转肩动作后，换气更加自然流畅。

扫一扫，看视频

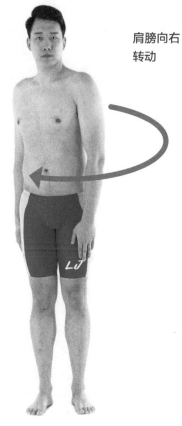

肩膀向右
转动

03 回到起始姿势，再向右转动肩膀。

04 恢复起始姿势，重复规定的次数。

其他角度 ☝

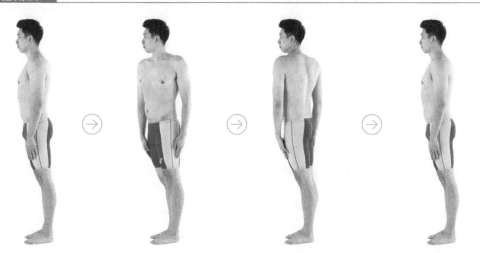

游泳准备活动

熟悉水性

自由泳

仰泳

蛙泳

蝶泳

出发、转身与终点技术

自救与施救的常用方法

体能训练

第三章

自由泳

水中划水及换气

手臂动作和呼吸

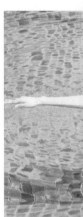

01 站立于水中，向前俯身，双臂向前伸直，掌心朝下，头部向下，目视池底。

04 在肩关节的带动下，左臂向身体前方移臂，做出手要插入水中的动作。

 **知识点**

在侧头换气时，需要抬高下巴。如果下巴位置过低，嘴巴和鼻子就无法露出水面，从而导致呛水。

扫一扫，看视频

游泳准备活动

熟悉水性

自由泳

仰泳

蛙泳

蝶泳

出发、转身与终点技术

自救与施救的常用方法

体能训练

提臂出水前吸气

02 左臂屈肘入水，往大腿方向划水。同时右臂前伸，带动头部和身体向左侧转动。

03 当头部露出水面时，吸气。上臂带动前臂，上提肘部，将手臂移出水面。

05 左臂继续向前伸直，头部进入水中，呼气。恢复起始姿势。

小提示

初学者常出现手臂划到腰部提前出水、动作不流畅等问题。练习时需要保持重心稳定，控制动作节奏。熟练后，可边划水边迈步向前，感受划水的推进力。

扩展提示

掌握好换气的时机

在手臂推水完毕、将要移出水面的时候，是最佳的换气时机。

手臂动作和呼吸

扶住池边转身打水

转身与换气一
起进行

其他角度

知识点

转身时，保持核心收紧，脸部、肩
部、髋部作为一个整体转向划水的
手臂侧。

扫一扫，看视频

01 俯卧于泳池中，身体垂直于泳池边沿，左臂伸直，左手扶住泳池边沿。深吸一口气，脸部浸入水中，右臂保持在大腿附近、接近水面的位置。双腿交替打水。

02 双腿交替打水几次后，身体向右侧转动，向右转肩，带动头部向右转，脸部出水，进行换气。再次脸部入水，重复练习。

小提示 打水、转身、换气一起练习，可以培养游泳动作的协调性，让肌肉形成记忆，更快掌握游泳技能。

游泳准备活动

熟悉水性

自由泳

仰泳

蛙泳

蝶泳

出发、转身与终点技术

自救与施救的常用方法

体能训练

第三章
自由泳

水上完整动作

自由泳完整技术

01 左臂在空中完成移臂后，向前伸直，上臂内旋。右臂屈肘并向下划，将水划至胸前，双脚交替打水。

04 在肩关节的带动下，右臂向身体前方移臂。左臂屈肘，向下划。同时头部进入水中吐气。双脚交替打水。

小提示

自由泳时，身体需要左右转动。受双手划水动作的影响，身体自然会出现左右倾斜。游泳中的前进是通过重心向前移动实现的。

游泳准备活动

熟悉水性

自由泳

仰泳

蛙泳

蝶泳

出发、转身与终点技术

自救与施救的常用方法

体能训练

右肘处于上提状态

02 右臂往大腿方向划水，上臂带动前臂，屈肘上提。同时转肩、转头吸气。

03 右臂出水后，逐渐弯曲肘部和手腕，肘关节处于上提状态。

05 右臂继续向前伸直，左臂划水至大腿位置，上臂带动前臂，屈肘上提。

06 左臂出水后肘部弯曲，并处于上提状态。在肩关节的带动下，手臂从空中向前移动。重复以上动作。

知识点

如果手臂划水的动作过大，双臂与双腿的节奏可能会被打乱，所以双臂不必过分向前伸，适当缩小划水的动作幅度很有必要。可以通过抱水，将身体的重心前移，向前游动。

第三章

自由泳

水下完整动作

自由泳完整技术

01 右臂在空中完成移臂后，向前伸直，上臂内旋，左臂屈肘并向下划，将水划至胸前，双脚交替打水。

04 在肩关节的带动下，左臂向身体前方移臂，手先于肩部入水。右臂屈肘，向下划。同时双脚交替打水。

知识点

在整个下划的过程中，肩关节要逐渐内旋，肘关节也要有意识地上提，为接下来的上划提臂动作做准备。

扫一扫，看视频

左臂下划至大腿左侧

02 左臂往大腿方向划水，上臂带动前臂，屈肘上提。

03 左臂出水后，逐渐弯曲肘部和手腕，肘关节处于上提状态。

05 左臂继续向前伸直，右臂划水至大腿位置，上臂带动前臂，屈肘上提。

06 右臂出水后肘部弯曲并处于上提状态。在肩关节的带动下，手臂从空中向前移动。重复以上动作。

小提示 上划过程中，要明确手掌做推的动作。在整个过程中，手臂不要完全伸直，手腕低于手肘，以保证划水的方向正确。

游泳准备活动

熟悉水性

自由泳

仰泳

蛙泳

蝶泳

出发、转身与终点技术

自救与施救的常用方法

体能训练

常见问题与解决办法

错误动作 1／错误动作 2

知识点

上摆时，由大腿带动小腿，小腿放松，抬至接近水面即可。

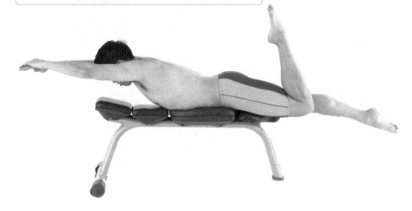

▲ 过度屈膝，大腿不动，只有小腿发力。

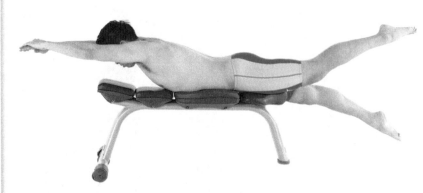

▲ 强调直腿打水，体会大腿带动小腿打水的感觉，打水幅度不超过 30 厘米。

小提示

打水时，双腿略直，膝盖放松，脚背绷直，双脚呈内八字，双腿在水中上下活动的距离不超过 30 厘米。双脚交替摆动，产生最大的推进力。

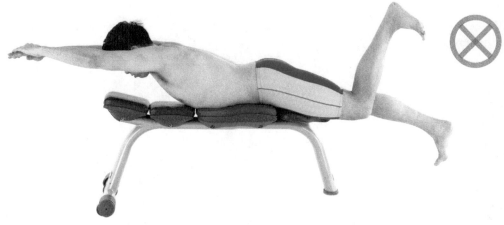

▲ 向下打水时脚背未绷直或勾脚打水。

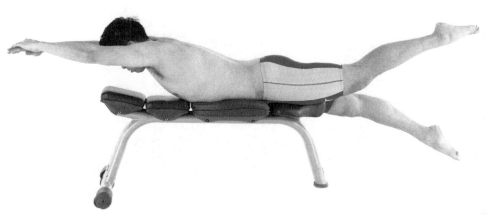

▲ 绷直脚背打水。

扩展提示

绷直脚背打水

自由泳打水时，双脚的脚背始终是绷直的，这样可以使游泳的速度加快，但是长时间在水中绷直脚背容易抽筋。可以适当放松脚尖，反方向活动紧绷的肌肉，从而预防抽筋。

游泳准备活动

熟悉水性

自由泳

仰泳

蛙泳

蝶泳

出发、转身与终点技术

自救与施救的常用方法

体能训练

常见问题与解决办法

错误动作 3 / 错误动作 4

◀ 手臂入水点偏外侧，身体转动幅度过大，身体重心不稳。

知识点

肩部用力过度会导致入水点偏离，这容易破坏身体的稳定性，使手臂不能自由摆动，身体负荷也会变大。

◀ 手向下倾斜，旋转肘部和肩部。手臂入水的时候，手臂和肩胛骨尽量向前伸。入水点可以在肩胛骨的延长线上。

小提示

游泳过程中手臂和肩部用力过度，会导致身体重心不稳，身体不能沿直线游进。

错误动作 4 ≫

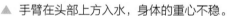 手臂在头部上方入水，身体的重心不稳。

 采用高肘移臂，注意手先于同侧肩入水，手的入水点可以尽量离身体远一些，同时腰部肌肉适度紧张。

知识点

如果手臂的移动距离过长，身体负荷会变大，动作容易僵硬。所以要注意放松手臂和肩胛骨，这样入水点自然离身体更远。

游泳准备活动

熟悉水性

自由泳

仰泳

蛙泳

蝶泳

出发、转身与终点技术

自救与施救的常用方法

体能训练

常见问题与解决办法

错误动作 5 / 错误动作 6

▲ 入水时手指弯曲。如果弯曲手指入水，手背会把水推向前方，从而减慢游进速度。

▲ 应伸直手指，从拇指到手掌再到手腕，依次入水。

知识点

完成空中移臂后，手指伸直并拢，手掌稍向外翻，指尖自然触水，入水点一般在肩部的延长线上。

▲ 由于太急于划水，手臂在靠近头部的位置入水，且手臂与水面呈锐角。

▲ 拇指先斜向插入水中肩部的延长线上，入水后，手臂继续随着身体的转动尽量向前和向内侧
伸展。

小提示　自由泳中，入水和前伸动作不但不能够产生推进力，而且还会产生阻力，所以入水和前伸的动作要轻柔，最大限度地减小入水动作形成的阻力。

游泳准备活动

熟悉水性

自由泳

仰泳

蛙泳

蝶泳

出发、转身与终点技术

自救与施救的常用方法

体能训练

常见问题与解决办法

错误动作 7 / 错误动作 8

错误动作 7 »

▲ 身体侧转时，左臂越过身体中线入水。

▲ 身体侧转时，右臂越过身体中线入水。

▲ 手臂尽量前伸，腿部尽量向后伸直，使身体呈一条直线。

▲ 手臂伸直划水，身体易失去稳定，可能导致呛水。

▲ 掌心向后，屈肘、屈腕，为划水做好准备。

扩展提示

肘部屈曲

划水时，肘部应屈曲。手臂伸直划水，身体难以保持平稳的姿势，还容易受到较大的阻力。

游泳准备活动

熟悉水性

自由泳

仰泳

蛙泳

蝶泳

出发、转身与终点技术

自救与施救的常用方法

体能训练

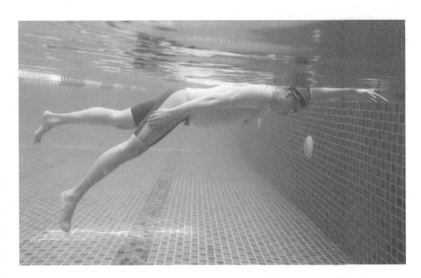

▲ 在脚下垂的状态下打水，不仅会因头部、肩部过高而破坏整体的流线型姿势，而且会增大阻力，降低游进速度。

头部抬出水面

▲ 呼吸时，头部抬出水面或向后会产生较大阻力，导致手臂要更用力划水，影响动作的流畅性。

小提示 自由泳呼吸时应把头部调整到靠近水面的地方，要有用额头切水的意识。

小提示

在自由泳的整个过程中，呼吸要配合手臂动作，当手臂进入上划阶段，转髋转体，同时转动头部吸气。

▲ 身体转动时，手臂下垂，此时身体重心较低，如果这时吸气很容易呛水。

知识点

在四种泳姿中，自由泳的呼吸配合不容易被掌握。大多数的游泳者都会有向呼吸一侧转动幅度过大的情况，所以可以采用左右两侧轮流呼吸的方式让身体的转动能够均匀，使身体保持平稳。

▲ 身体转动时，手臂充分前伸，使头部与手臂在同一水平面上，进行吸气。

游泳准备活动

熟悉水性

自由泳

仰泳

蛙泳

蝶泳

出发、转身与终点技术

自救与施救的常用方法

体能训练

第四章
仰泳

仰泳是四种泳姿中唯一仰卧在水中的泳姿，也是唯一在水中出发的泳姿。仰泳注重核心发力，对力量、协调性和灵活性有较高要求。远端肢体控制能力也是重中之重，较好地控制前臂、手掌、踝部、脚掌能够很好地抓水和保持良好的身体姿态。

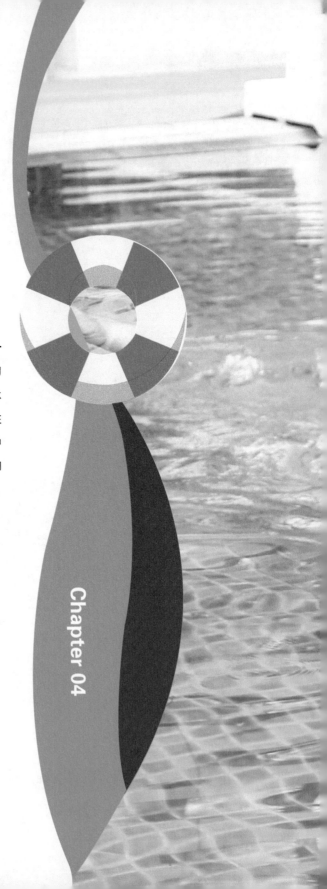

Chapter 04

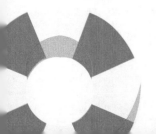

仰泳介绍

在四种泳姿中，仰泳是唯一面部朝上的泳姿。在仰泳中，肩部的旋转使得小指首先入水。与肘关节伸直动作相结合，游泳者在水中的推进阶段，呈现出一种整体拉长的姿势。掌握了仰泳技术的游泳者在水中可以极好地保持平衡。

◉ 仰泳身体姿势

仰泳注重保持身体姿态，其理想的身体姿态就是让身体保持水平，呈流线型，尽量浮出水面。另外在仰卧的姿态中，需要通过收腹伸展身体，脊柱挺直，尽量地减小身体阻力。可以说，高、平、直、稳是仰泳身体姿态的基本特征。在游进的过程中，头和肩都需要稍高于腰和腿，身体保持笔直浮在水面。世界上部分优秀的仰泳运动员在游进时头和肩都是露出水面的。但不要刻意收下巴和抬高头部，这样会使髋、腿下沉。

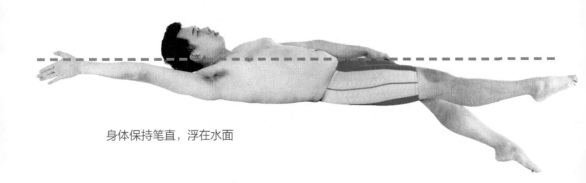

身体保持笔直，浮在水面

容易出现的错误

腿部过度下沉。应该在全身放松的同时保持身体呈一条直线且浮出水面。

腿部打水过于用力，膝关节露出水面，使臀部开始下沉。

特点 1

抱水

小指尽量从远端开始入水，抱水时手心向下转，一边用手心感受水的阻力，一边向下方压水，让身体有乘在水上的感觉。

特点 2

呼吸

在仰泳中，用鼻子吸气很容易导致鼻子进水，所以尽量用嘴吸气，用鼻子呼气。

特点 3

打水

灵活地运用腿部的力量，上打水时尽量不要用力，有意识地轻柔地向上踢，像鞭子一样完成打水。

特点 4

身体轴心

手臂不能伸到肩部延长线的内侧，否则会使身体的轴心弯曲，增大水的阻力。

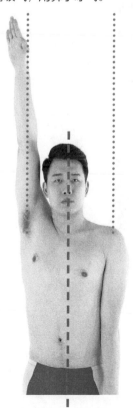

扫一扫，看视频

第四章
仰泳

腿部动作

陆上坐姿腿部练习／陆上双臂于体侧腿部练习

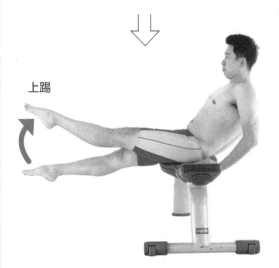

01 横坐在训练凳上，双手在身体两侧支撑身体，双腿向前伸展，膝关节伸直，绷紧脚背。

上踢

02 左腿大腿带动小腿上摆（上打水）。脚背始终绷紧。右腿同时下摆（下打水）。

03 左腿转入下摆（下打水），大腿带动小腿向下摆动。右腿则同时上摆（上打水）。如此反复练习。

下压

小提示　练习时注意，上打水的幅度要大于自由泳上打水的幅度。

108

游泳准备活动

熟悉水性

自由泳

仰泳

蛙泳

蝶泳

出发、转身与终点技术

自救与施救的常用方法

体能训练

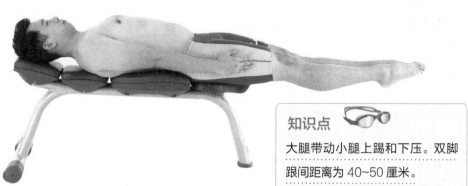

知识点

大腿带动小腿上踢和下压。双脚跟间距离为 40~50 厘米。

01 身体仰卧于训练凳上，双臂伸直，紧贴身体左右两侧，双腿充分伸展，脚背绷直，脚尖稍内扣。

直腿下压

02 膝关节充分伸展，臀部肌肉缩紧，将整个右腿向下压。双臂姿势保持不变。

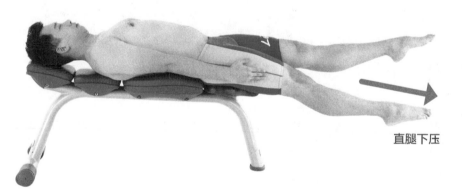

向上踢水

03 完成直腿下压后，右腿大腿带动小腿，加大力量与速度向上踢水，双腿交替进行上踢和下压练习。

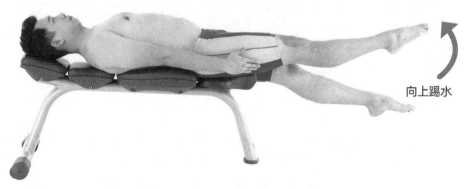

陆上单手伸腿部练习 / 陆上双手伸腿部练习

腿部动作

陆上单手伸腿部练习 >>

扫一扫，看视频

01 身体仰卧于训练凳上，左臂在头顶上方伸展，右臂伸直，紧贴身体右侧，双腿充分伸展，脚背绷直，脚尖稍内扣。

直腿下压

02 膝关节充分伸展，臀部肌肉缩紧，将整个右腿向下压。双臂姿势保持不变。

向上踢水

03 完成直腿下压后，右腿大腿带动小腿，加大力量与速度向上踢水。陆上练习时注意上踢幅度（在水中上踢时，以膝部不露出水面为准）。然后双腿交替进行上踢和下压练习。

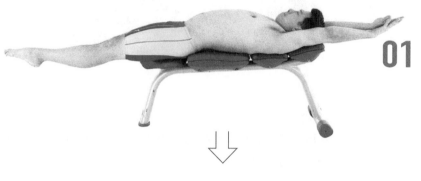

01 身体仰卧于训练凳上，双臂在头顶上方充分伸展，两手交叉相叠，双腿充分伸展，双脚脚背绷直。

直腿下压

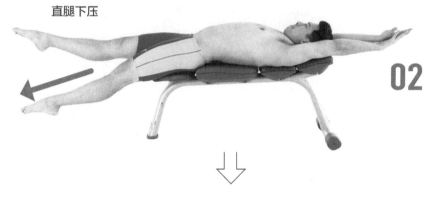

02 膝关节充分伸展，臀部肌肉缩紧，将整个左腿向下压。

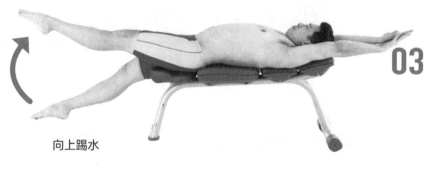

03 完成直腿下压后，大腿带动小腿向上摆。双腿交替进行练习。

向上踢水

其他角度 ☀

游泳准备活动

熟悉水性

自由泳

仰泳

蛙泳

蝶泳

出发、转身与终点技术

自救与施救的常用方法

体能训练

腿部动作

陆上侧身打水/仰卧打水

扫一扫，看视频

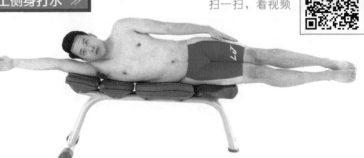

01 侧卧于训练凳上，右臂在头顶上方伸展，左臂紧贴身体左侧，双腿紧贴伸直，脚背绷直。

后压

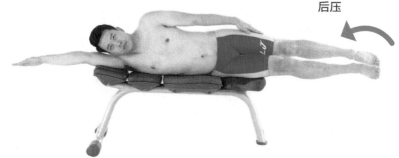

02 右手外旋，掌心朝下。膝关节充分伸展，臀部肌肉缩紧，左腿大腿发力，带动小腿后压。

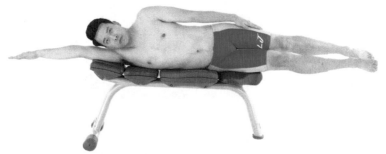

03 膝关节伸直，脚背绷直，准备转入前踢。

前踢

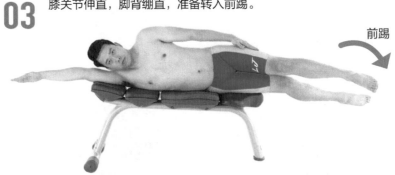

04 左腿大腿带动小腿，加大力量与速度前踢。注意前踢幅度（在水中上踢时，以膝部不露出水面为准）。

扫一扫，看视频

01 呈仰卧姿势漂浮在水面，双臂分别贴在身体左右两侧。一边打水，一边右肩向下巴方向转动，右髋跟随转动。

02 继续打水，身体跟随打水动作，左肩向下巴方向转动，左髋也跟随转动。

03 重复动作，保持头部平稳，身体随着腿部的打水动作，向左右两侧转动。

身体向右转动

小提示 身体向左右两侧转动，需要依靠压低肩部来完成。压低一侧肩部，身体就能自然地转向该侧。

陆上手臂练习

手臂动作

屈肘下划

01 双腿开立，双臂伸直，向上举过头顶，拇指贴掌，掌心朝外。左臂向后、向下屈肘做划水动作。

其他角度

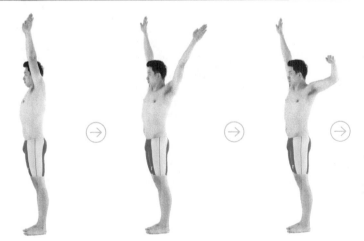

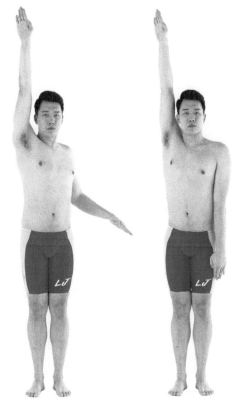

向前、向上划

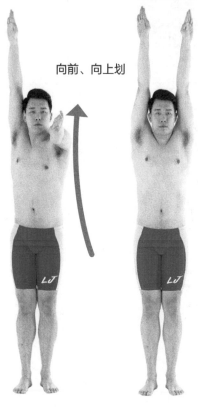

02 左臂划至髋部，恢复为直臂。右臂保持不动。

03 左臂从髋部继续向前、向上划，经过肩部前方，保持掌心朝外，再划到头顶上方，回至初始姿势。

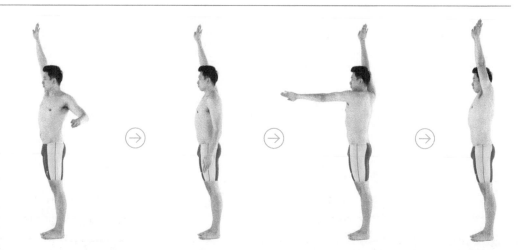

游泳准备活动

熟悉水性

自由泳

仰泳

蛙泳

蝶泳

出发、转身与终点技术

自救与施救的常用方法

体能训练

手臂动作

仰泳手臂动作

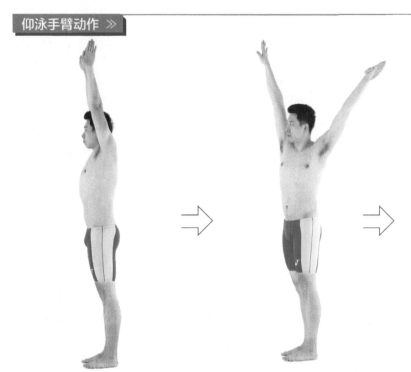

01 双腿开立，双臂伸直，向上举过头顶，掌心朝外。

02 左臂向左后方做划水动作，带动上身略微左转。

右臂向后划

04 左臂继续下划，直到恢复为直臂。

05 然后左臂伸直向前划，同时右臂向右后方划，带动上身略微右转。

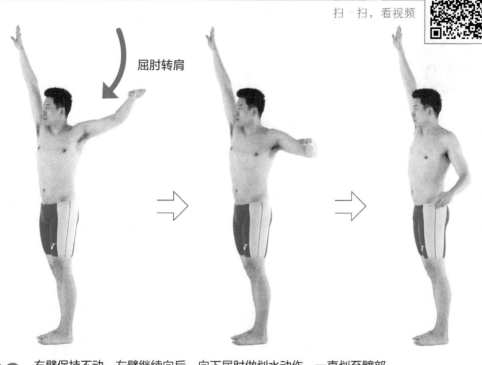

屈肘转肩

03 右臂保持不动，左臂继续向后、向下屈肘做划水动作，一直划至髋部。

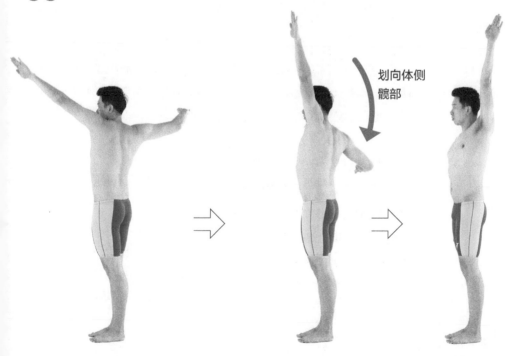

划向体侧
髋部

06 左臂继续向前、向上划，右臂继续向后、向下划。交替练习划水动作。身体保持稳定。

游泳准备活动

熟悉水性

自由泳

仰泳

蛙泳

蝶泳

出发、转身与终点技术

自救与施救的常用方法

体能训练

呼吸

仰泳换气要点

仰泳时面部一直朝向上方且露出水面，但即使如此也不能随时呼吸。如果鼻子进水，游泳者会感到很难受，所以了解呼吸的时机与方法非常重要。

◎ 配合入水练习换气

仰泳的呼吸是配合入水动作进行的。比如，右手入水时吸气的话，就要在左手入水时呼气。

如果手臂处于面部上方时就呼吸，很可能会让鼻子进水或呛水；如果是入水时呼吸，这时身体是朝上的状态，那么水花不会太多。与其他泳姿不同的是，由于仰泳是一直面朝上方的，所以容易用嘴呼气。注意要用嘴吸气，用鼻子呼气。

◎ 用嘴吸气，用鼻子呼气

在仰泳中呼吸时，很容易用嘴呼气。正确的方法是在将要入水时张开嘴吸气，之后闭上嘴，配合另一只手入水的动作，用鼻子呼气。有节奏地进行"吸气→闭嘴→呼气"的过程。

知识点

初学者可以轻轻地捏住鼻子进行"吸气→闭嘴→呼气"的呼吸练习。然后趁还没忘掉这个感觉时，放开手进行呼吸练习。

仰泳手臂动作与呼吸配合

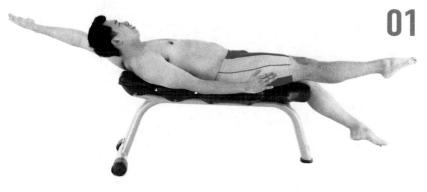

01 左手上抬的同时右手划水，左手保持在头顶位置，不要下沉，吸气。

02 右手上抬的同时，左手划水，右手入水时，呼气。

小提示

仰泳时呼吸的难点是把握呼吸的节奏，以及呼吸与手臂划水动作的配合。

游泳准备活动

熟悉水性

自由泳

仰泳

蛙泳

蝶泳

出发、转身与终点技术

自救与施救的常用方法

体能训练

第四章

仰泳

仰泳完整技术

水上完整动作

01 仰卧于水面上，左臂在头顶上方伸直，从小指开始入水。右臂则下划至体侧。双腿交替打水。

04 右臂入水后前伸。利用手掌压水的反作用力和身体的转动，左臂迅速出水。肩部先出水，然后上臂、前臂和手掌依次出水。

知识点

手臂的出水和移动与身体的转动密切相关。当手臂出水时，身体转向对侧；当手臂在空中移动时，身体又再次转向移动手臂的一侧。

02 左臂入水后，向左转肩，然后屈肘下划。右臂出水，在空中向前移臂。

03 随着身体的转动，左臂划水至大腿，双腿交替打水。

05 向右转肩，右臂屈肘下划。左臂出水后伸直，向前移动。

06 左臂移至头顶前方，入水，右臂下划出水，完成一个手臂动作循环。

> **小提示** 仰泳的双臂配合一般为当一侧手臂入水时，对侧手臂出水。两条手臂相互配合，持续产生推进力。

游泳准备活动

熟悉水性

自由泳

仰泳

蛙泳

蝶泳

出发、转身与终点技术

自救与施救的常用方法

体能训练

第四章

仰泳

仰泳完整技术

水下完整动作

01 仰卧于水面上，右臂在头顶上方伸直，从小指开始入水。左臂下划至体侧。双腿交替打水。

04 左臂入水后前伸。利用手掌压水的反作用力和身体的转动，右臂迅速出水。肩部先出水，然后上臂、前臂和手掌依次出水。

小提示 在仰泳的完整动作中，躯干核心力量的作用变得越来越重要，主要表现为在游进过程中躯干不断地转动带给四肢力量，带动四肢的动作。

左臂入水前伸

02 右臂入水后，向右转肩，然后屈肘下划。左臂出水，在空中向前移臂。

03 随着身体的转动，右臂划水至大腿，双腿交替打水。

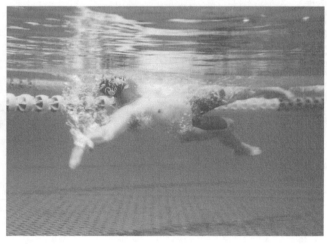

05 向左转肩，左臂屈肘下划。右臂出水后伸直，向前移动。

06 右臂移至头顶前方，入水，左臂下划出水，完成一个手臂动作循环。

知识点

仰泳的动作和呼吸配合好能使身体更加协调地转动。仰泳多采用打水6次、手臂划水2次、呼吸1次的配合节奏。

游泳准备活动

熟悉水性

自由泳

仰泳

蛙泳

蝶泳

出发、转身与终点技术

自救与施救的常用方法

体能训练

常见问题与解决办法

错误动作1/错误动作2

知识点

上踢是产生仰泳推进力的主要腿部动作，需要力量和速度。

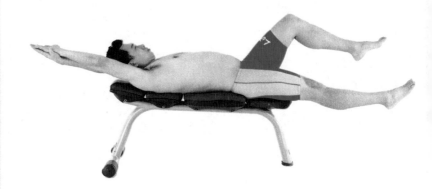

▲ 上踢时，屈膝，小腿发力，脚背未绷直。

直腿下压

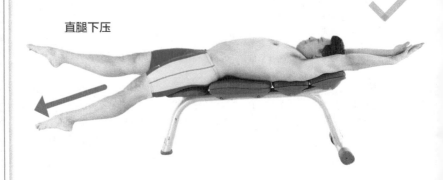

▲ 强调直腿打水，体会大腿带动小腿打水的感觉。

小提示

在做上踢动作时，脚部向内旋转，使大腿发力带动小腿和脚部呈鞭状打水。此动作过程中膝关节逐渐伸直。

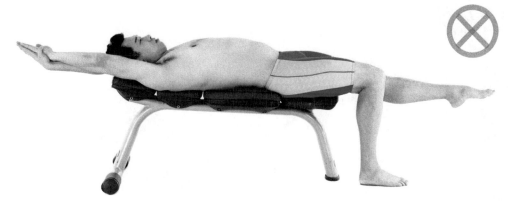

▲ 下压时，屈膝，脚背未绷直。

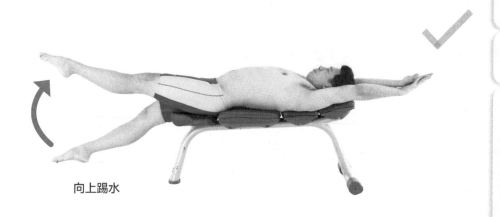

向上踢水

▲ 先伸展髋部，大腿发力带动小腿和脚部向下压，下压的过程中脚背绷直。

扩展提示

腿部下打水

当腿做下压动作时，腿部下压的幅度不要过大，否则身体的流线型姿势会被破坏，受到较多的阻力。

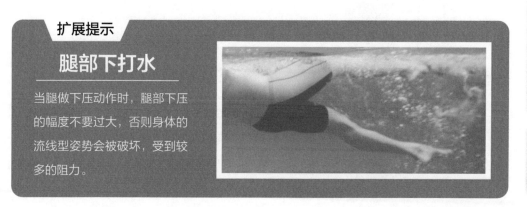

游泳准备活动

熟悉水性

自由泳

仰泳

蛙泳

蝶泳

出发、转身与终点技术

自救与施救的常用方法

体能训练

错误动作 3 / 错误动作 4

常见问题与解决办法

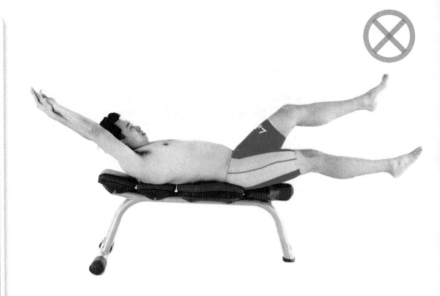

▲ 打水时，膝关节未伸直，脚背未绷直，双臂与腿上抬过度。

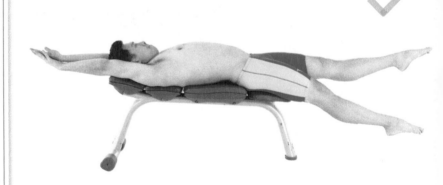

▲ 双臂保持不动，双腿伸直打水。

知识点

在上踢打水时，运用髋部控制大腿下压，小腿和脚部会因为惯性加速度向上运动，完成上踢打水。大腿接近水面而不露出水面，脚尖略微出水，注意上踢打水不要出现水花四溅的情况。

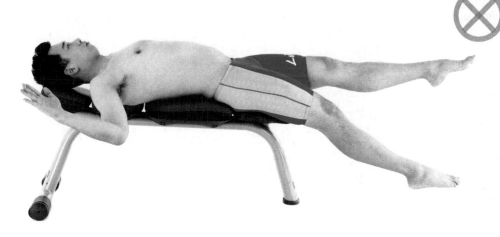

▲ 打水时脚尖向上勾起。

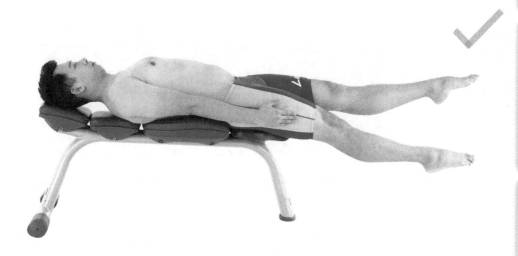

▲ 双脚保持脚背绷直。

小提示 在游泳时大腿发力，脚背向下压，尽量使脚背和小腿平行，脚背绷直，增加打水时的受力面积，从而减少水平方向的阻力。

游泳准备活动

熟悉水性

自由泳

仰泳

蛙泳

蝶泳

出发、转身与终点技术

自救与施救的常用方法

体能训练

第四章

仰泳

错误动作 5 / 错误动作 6

常见问题与解决办法

▲ 打水时，腿部过于弯曲，脚垂直上踢，膝关节露出水面。

▲ 脚应上踢至膝关节伸直，膝关节不露出水面。

扩展提示

腿部上打水

做上踢的动作时，要注意膝关节的弯曲程度，伸展脚踝和脚趾，有力地上踢，不要让膝关节露出水面。

错误动作 6 》

▲ 屈膝，向下踢水的幅度过大。

▲ 膝关节伸直，避免脚部入水过深。

小提示 下压动作可以使身体产生向上的力，这种向上的力能够使身体在水中保持较高的位置。当腿做下压动作时，腿部下压的幅度不要过度，否则身体的流线型姿势会被破坏，身体受到较大的阻力。

游泳准备活动

熟悉水性

自由泳

仰泳

蛙泳

蝶泳

出发、转身与终点技术

自救与施救的常用方法

体能训练

错误动作 7 / 错误动作 8

常见问题与解决办法

错误动作 7 ≫

▲ 手臂入水点过于偏外。

知识点

手臂的入水点过于偏外或偏内，原因可能是肩关节的活动度较差，或不清楚动作概念。解决办法是在入水前进行提升肩部灵活性的热身运动。

▲ 手臂入水点过于偏内。

▲ 手臂入水点在肩部正上方。

小提示

手臂在移动时，应有意识地触碰双耳，手臂向上伸直，同时注意入水点在肩部的正上方。

游泳准备活动

熟悉水性

自由泳

仰泳

蛙泳

蝶泳

出发、转身与终点技术

自救与施救的常用方法

体能训练

▲ 偏离中线，过于向内的入水动作。

▲ 过于向外的入水动作。

扩展提示

入水动作

偏离中线的入水动作，会使腰部下沉，身体向一侧倾斜，腰部和腿部容易偏离方向，导致身体重心不稳。

▲ 手臂保持在中线附近，身体呈流线型。

错误动作 9 / 错误动作 10

常见问题与解决办法

▲ 手臂或手掌面入水，会增大游进阻力，影响游进速度。

▲ 入水时手臂前伸，以小指引导手臂入水。

小提示

如果手臂或手掌面先入水会造成拍击水面的情况。仰泳时手臂正确的入水方式应该是手臂在肩的延长线上伸直，掌心朝上，手指先入水。

 ▲ 掌心向后做第二次划水动作，导致不能获得推动力。

▲ 掌心朝前做第二次划水动作，可获得有效推动力。

 知识点

手掌向后做第二次划水动作时，由于掌心向后，会把水压向后方，无法有效地向下划水。正确的做法是掌心朝前，保持向下划水的姿势，一直划至大腿。

游泳准备活动

熟悉水性

自由泳

仰泳

蛙泳

蝶泳

出发、转身与终点技术

自救与施救的常用方法

体能训练

常见问题与解决办法

错误动作 11/ 错误动作 12

◀ 手臂甩向侧面，导致从侧面开始收手，腰部也被拉向侧面，身体向反方向摆动。

◀ 以近于直线的收手动作保持身体呈一条直线，从而减少阻力。

▲ 手先伸出水面，肩部沉在水中时收手。

▲ 利用身体转动，伸出肘部，使肘部和肩部露出水面。

游泳准备活动

熟悉水性

自由泳

仰泳

蛙泳

蝶泳

出发、转身与终点技术

自救与施救的常用方法

体能训练

小提示

收手时，肩沉在水中，手比肩先伸出水面，会使肩部下沉，产生阻力。要利用身体的转动来伸展肘部，使得收手时肘部和肩部浮出水面。

知识点

要借助手掌压水的反弹力迅速提出手臂，小指先出水。注意手臂自然放松，提臂迅速，要先压水后提肩，肩部露出水面后，由肩部带动上臂、前臂和手依次出水。

第四章

仰泳

常见问题与解决办法

错误动作 13/ 错误动作 14

▲ 前臂和手肘几乎在同一高度，无法有效地抱水。

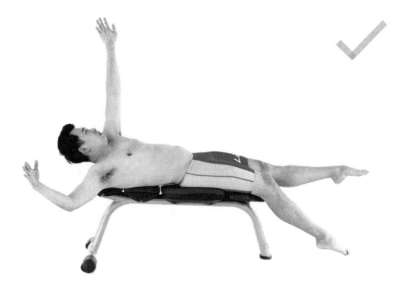

▲ 手肘低于前臂，手掌和前臂对水，有效地抱水。

小提示

仰泳中手臂的入水动作应与身体的转动协调配合。手臂入水时，身体同时侧向转动，这样可以加增大手臂入水的深度。手臂上划过程中，肘部要高于前臂，配合身体的移动，使手掌和前臂压水。

▲ 刻意过高抬头，使腿部下沉，导致身体受到的阻力增大。

▲ 不要过高抬头，臀部和腿尽量保持在同一水平面上。

游泳准备活动

熟悉水性

自由泳

仰泳

蛙泳

蝶泳

出发、转身与终点技术

自救与施救的常用方法

体能训练

第五章
蛙泳

本章主要讲授蛙泳的技术动作以及练习方法。随着游泳运动的不断发展，蛙泳技术也在不断改良。经过改良，蛙泳技术更加注重减小阻力和身体协同发力。蛙泳技术有以下特点：身体起伏曲线合理，晚吸气，波浪式起伏，以及躯干表现突出。

蛙泳介绍

蛙泳的划水与蹬腿姿势与青蛙在水中游进的姿势相似，因此得名。由于蛙泳时身体正面向前，水的支撑面积大，所以该泳姿最稳定。在进行长时间、长距离游泳时往往采用蛙泳。

◉ 蛙泳身体姿势

在蛙泳的过程中，身体不是一直呈流线型的，而是在不断地变换动作和调整呼吸节奏。在游进过程中，需放松肩部，这样不但能使肩部更加灵活，而且其活动范围也随之改变。大部分的时间身体呈水平姿态，这样可以使身体更贴近流线型，既省力，又能减小推进阻力。

蛙泳游进时，身体会受到很大的阻力。抱水时手臂慢慢张开，动作不用过快。在恢复动作中手臂要快速收回，将受到阻力的时间减少到最短。如果不需要快速游动，蛙泳可以持续很长的时间。

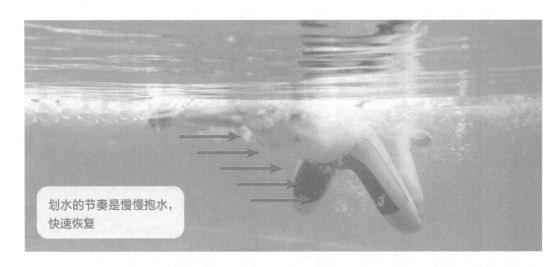

划水的节奏是慢慢抱水，快速恢复

容易出现的错误

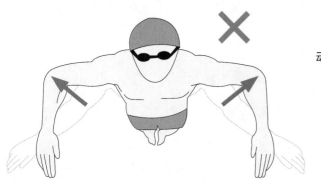

前臂位于肘部正下方，垂直于池底。

未用背部肌肉向上抬起身体，恢复动作未在水面上进行，身体向下倾斜。

特点 1

抱水

手腕向外弯曲，向斜上方抬时，将肘部立起来，让身体感觉像乘在抓住的水上。

呼吸

在打腿动作结束后，手臂恢复动作开始的瞬间，在腿部伸展、双手并拢时吸气。

特点 2

特点 3

打水

小腿进行小幅度的收腿动作，脚尖向外侧蹬时，膝盖不要向两侧大幅度张开，腿部像鞭子一样轻柔地打水。

滑行

在打水之后，一口气进入水中，变为能减少阻力的流线型姿势，快速向前推进。

特点 4

扫一扫，看视频

第五章

蛙泳

腿部动作

坐姿打水·跳起夹水

坐姿打水 >>

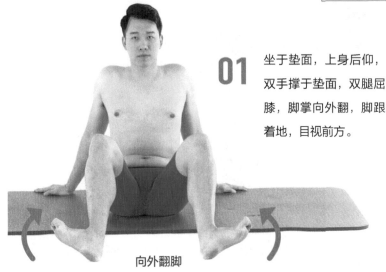

向外翻脚

01 坐于垫面，上身后仰，双手撑于垫面，双腿屈膝，脚掌向外翻，脚跟着地，目视前方。

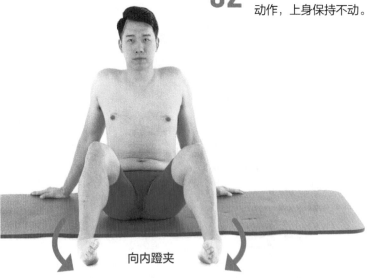

向内蹬夹

02 双脚内翻，做向内收的动作，上身保持不动。

小提示 此练习旨在让练习者能够在陆上清晰地体会双脚的动作和用力的方法。

01 身体直立，双脚分开，与肩同宽，双手自然放于身体两侧，目视前方。

02 以脚跟为轴，双脚外旋至最大限度。

双脚外旋

跳起

03 屈膝，双膝间距等于肩宽，同时双臂屈肘置于腰部两侧。

04 借助膝部伸展和脚蹬地的力量迅速向上跃起，同时双臂上伸，双腿靠拢，脚背绷直。

05 双脚自然落下，然后回到起始姿势，重复动作至规定次数。

游泳准备活动

熟悉水性

自由泳

仰泳

蛙泳

蝶泳

出发、转身与终点技术

自救与施救的常用方法

体能训练

第五章

蛙泳

蛙泳腿部动作

腿部动作

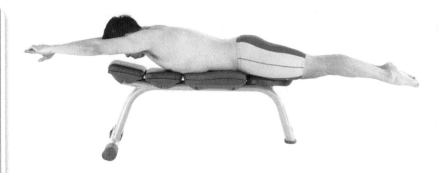

01 身体俯卧在训练凳上，双臂向前充分伸展，两手交叉相叠，双腿向后充分伸展，双脚脚背绷直，脚尖稍稍朝内。

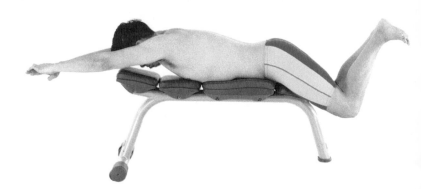

03 小腿贴近大腿，双膝稍稍打开。勾起脚板，脚底朝上，脚尖向外，双脚外翻，使脚和小腿内侧对着蹬水方向。

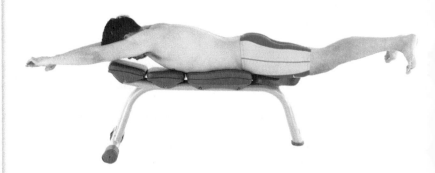

05 脚掌外翻蹬水后，双腿径直向下方打出，不要向左或向右偏。

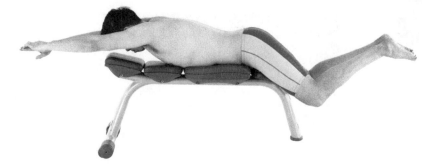

02 屈膝收腿，脚跟向臀部靠拢，膝部下移。

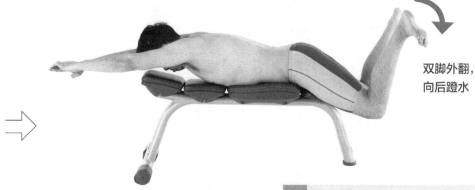

双脚外翻，
向后蹬水

04 腰部和大腿发力，小腿和脚底向后蹬水。

小提示 做蹬夹水动作要注意动作速度和力量的变化，动作速度由慢至快，力量从小到大。

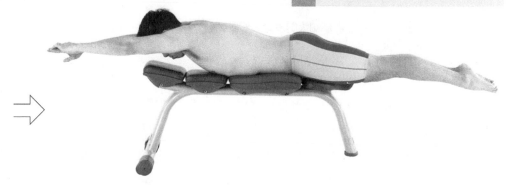

06 打水结束时脚跟加速内旋，双腿伸直，自然并拢。

游泳准备活动

熟悉水性

自由泳

仰泳

蛙泳

蝶泳

出发、转身与终点技术

自救与施救的常用方法

体能训练

第五章
蛙泳

腿部动作

半陆半水腿部打水

01 身体俯卧于池边，双臂前伸，肩部放松，让身体尽量平卧，双腿向后伸直，处于水中。

03 腰部和大腿发力，双脚外翻，小腿和脚底向后蹬水。

小提示 初学者在练习时，掌握节奏的变化是关键。另外，要注意不要过度收腿、及时翻脚、蹬夹腿两膝间距和蹬夹水之后双腿相互靠拢等问题。

游泳准备活动

熟悉水性

自由泳

仰泳

蛙泳

蝶泳

出发、转身与终点技术

自救与施救的常用方法

体能训练

收腿翻脚

02 屈膝收腿，脚跟向臀部靠拢，小腿贴近大腿。勾起脚板，脚底朝上，脚尖向外，双脚外翻，脚和小腿内侧对着蹬水方向。

04 脚掌外翻蹬水后，双腿径直向下方打出。蹬腿结束时，脚跟内旋，双腿伸直，自然并拢。

扩展提示

适合初学者

此练习可以帮助初学者在半陆半水的安全条件下，依靠肌肉和运动来练习，并在水中感受腿部动作形成的推进力。

第五章

蛙泳

腿部动作

水中借助浮板打水、徒手水中打水

01 双手握紧浮板，双臂向前伸直，肩部放松，收腹，让身体平稳漂浮。然后头部入水，双脚向臀部靠近，双脚感受水的阻力，先向两侧、后向内侧做蹬水动作，注意双脚不能出水。

收腿的同时翻掌抓水

02 完成收腿后，双腿径直向下方打出，做蹬夹水动作。在收腿结束的同时完成翻掌抓水。在滑行阶段抬头吸气。

小提示 此项练习的难点在于初学者要在保持漂浮的状态下一口气做一系列动作。如果实在难以做到，就先抬头，不加呼吸动作游 4 组，然后再佩戴浮漂装备进一步练习。

扫一扫，看视频

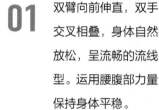

01 双臂向前伸直，双手交叉相叠，身体自然放松，呈流畅的流线型。运用腰腹部力量保持身体平稳。

02 屈膝收腿，脚跟向臀部靠拢，小腿贴近大腿，大、小腿夹角为30~45度。

双脚足跟外翻

03 勾起脚板，脚底朝上，脚尖向外，双脚外翻，使脚和小腿内侧对着蹬水方向。腰部和大腿发力，小腿和脚底向后蹬水。

04 打水结束时，脚跟内旋，双腿伸直，自然并拢。

第五章

蛙泳

蛙泳手臂动作

手臂动作

01 双腿开立，近于肩宽，上身前俯，双臂向前伸直，双手掌心向下。

02 肘部伸直，掌心由向下慢慢转为向外。

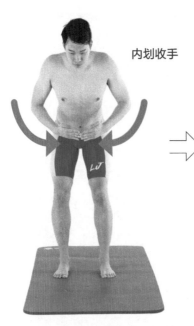

内划收手

05 将水推向身体内侧，此时上身处于较高的位置。

06 肘部收于腋下，双臂贴紧身体。

扫一扫，看视频

双臂向外打开

03 转手掌的同时手臂向外打开。

04 手臂张开约 45 度时，肘部弯曲，掌心由外向内，加速向内划水，同时上身向上抬。

知识点

以蛙泳游进时，手臂前伸到外划动作的速度快于游进速度，外划到抓水动作的速度逐渐降低至与游进速度持平。划水时，应以最大的力量来做好每个动作细节，以便能够获得最大的推进力。

07 向前伸直手臂，掌心由向上转为相对，再到向下，同时上身前俯。

小提示 蛙泳的手臂划水动作是产生推进力的关键因素之一。划动过程中手臂的运动方向是向外 – 向下 – 向后 – 向内，要熟练地掌握划水技术，再与打水动作相结合。

游泳准备活动

熟悉水性

自由泳

仰泳

蛙泳

蝶泳

出发、转身与终点技术

自救与施救的常用方法

体能训练

第五章

蛙泳

手臂动作

池边划水、水中站立划水

01 俯卧于泳池边，腹部及以下的身体部位位于岸上，双腿向后伸直，手臂向前伸直，掌心和面部朝下。

02 掌心向外翻转，双臂向外划水，然后双肘屈曲，双臂向内划水。双臂划水的同时，上半身向上抬。

吸气，手臂前伸

03 掌心向内翻转，双臂向前伸，同时上半身向下放，直至回到起始姿势。

扫一扫，看视频

游泳准备活动

熟悉水性

自由泳

仰泳

蛙泳

蝶泳

出发、转身与终点技术

自救与施救的常用方法

体能训练

01 站于水中，上身前俯，双臂向前伸直，两手靠近，头部没入水中。

02 掌心向外翻转，双臂向外划水。

双臂向外划水

03 双臂继续向外划水。

04 手臂张开约 45 度时，肘部弯曲，掌心由外向内，加速向内划水，同时上身向上抬。

05 将水推向身体内侧，双臂贴紧身体。此时上身处于较高位置。

06 掌心由向上转为相对，再到向下，手掌转向的同时伸直手臂，同时上身前俯。

呼吸

蛙泳换气要点／配合呼吸打水

蛙泳的呼吸是和划水动作相配合的，现今二者的主要配合方式为"1：1：1"，即每做一次划水，就配合一次呼吸与蹬腿。整个动作过程可以概括为："划水不动腿，收手时收腿，手将伸直蹬夹腿，蹬夹腿后滑行。"

◉ 记住正确的呼吸时机

蛙泳的呼吸时机是在打水动作结束后、手臂恢复动作开始的瞬间。在腿部伸展、双手并拢时吸气才是正确的。

头部在入水之后才能伸展膝关节。而且在打水时，上肢要保持水平，将水的阻力降低到最小。蛙泳是通过打水获得推进力在水中前进的。如果呼吸太迟，头部在打水的同时会进入水中。

◉ 打水动作结束后呼吸

打水动作结束、腿部完全伸展开之后，开始划水。划水的动作结束，进行手臂的恢复动作。上身浮起的瞬间吸气。手臂向前伸出时，头部要进入水中。手臂完全伸展开时，膝关节开始弯曲，头部保持在水下。

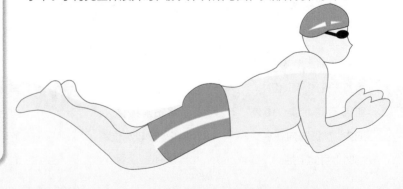

扫一扫，看视频

01 双手扶池边，头部露出水面，腹部肌肉用力，使身体平直地漂浮在水面。

足跟收向臀部时，两足外翻且尽量分开

02 吸气，头部进入水中，憋气。脚跟收向臀部，且双脚保持在水下。脚先向外、后向内做打水动作。

03 腿部做蹬夹水动作，完成后靠拢，身体保持漂浮姿态。头部抬出水面吸气，之后再浸水。反复进行打水练习。

小提示 练习时注意腿部动作的完整性和连贯性。配合呼吸进行腿部动作时，初学者可先蹬腿多次，吸气一次，慢慢尝试蹬腿一次，吸气一次。

第五章

蛙泳

水上完整动作

蛙泳完整技术

01 肘部伸直，掌心下转的同时手臂向斜下方划水，当手臂打开约与上身呈 45 度时，手腕开始弯曲，掌心由外向内，手臂带动肘部加速向内划水，这时上身处于一个较高的位置。

04 腰部和大腿发力，小腿和脚底向外蹬水。双臂前伸后向外打开，双臂向外划。

小提示 整个动作过程中的速度由慢至快，力量从小到大。蹬夹腿时不要过急，否则会造成技术动作不协调，影响效果。

扫一扫，看视频

02 双臂贴紧身体，掌心由向上转为相对，双手合并。屈膝收腿。

03 慢慢伸直手臂，手掌随之向下转。同时双脚外翻，使脚和小腿内侧对着蹬水方向。

扩展提示

内划

在整个内划的过程中，大臂、前臂的角度以个人能够发挥出最大的力量为主。

05 双臂屈肘收回，屈膝收腿，双脚外翻，借由水的托力抬高上身，头部出水，深吸一口气。

知识点

保持良好的流线型滑行姿势非常重要，不论是在蛙泳还是其他泳姿中。在腿部动作结束后保持较好的流线型姿势会减小形状阻力和波浪阻力，提高游进速度。

游泳准备活动
熟悉水性
自由泳
仰泳
蛙泳
蝶泳
出发、转身与终点技术
自救与施救的常用方法
体能训练

第五章

蛙泳

蛙泳完整技术

水下完整动作

01 双手合十，双臂向前伸直，双腿向后伸直，肩部放松，收腹，使身体呈一条直线。

知识点

蹬夹水时，腿部关节移动的路线和方向、蹬夹水的速度和力量都是影响蹬夹水效果的关键因素，还要注意节奏的变化。

小提示

蛙泳中，减小收腿幅度、在水面上方移臂以及手脚协调配合，都有助于减小阻力和形成均匀的推进速度。

04 头部潜入水中，双臂前伸。脚跟接近臀部，当手臂伸展到一半时，小腿和膝关节开始外旋。

游泳准备活动

熟悉水性

自由泳

仰泳

蛙泳

蝶泳

出发、转身与终点技术

自救与施救的常用方法

体能训练

双臂屈肘收回，屈膝收腿

02 双手手掌向外打开，双臂向外划，抓水。保持身体的流线型姿势，慢慢呼气。

03 双臂屈肘收回，屈膝收腿，双脚外翻，借由水的托力抬高上身，头部出水，深吸一口气。大腿和腹部呈约120度。

呈流线型姿势滑行

05 脚与小腿内侧对准蹬水方向进行蹬水，慢慢呼气。然后双臂尽量前伸，缩肩，双腿蹬直，继续向前滑行。

常见问题与解决办法

错误动作 1 / 错误动作 2

▲ 双腿分开的间距过大，且双脚未勾起。

▲ 双腿径直向下方打出，双膝间距保持不变，双脚勾起。

扩展提示

注意节奏变化

做蹬夹水动作注意节奏的变化，蹬夹动作结束前脚一直保持勾起的状态。

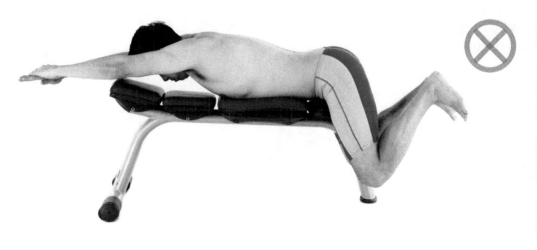

⊗

▲ 腹部与大腿之间的距离过近，容易在蹬夹时导致水的阻力增大，影响游进速度。

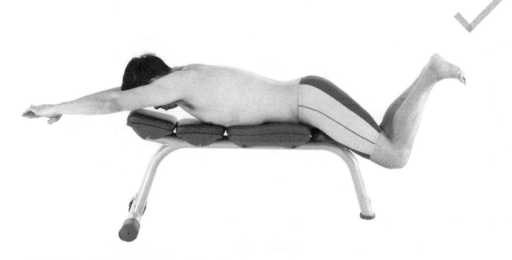

✔

▲ 腹部与大腿形成的夹角保持在 120~130 度。

小提示

在收腿过程中，大腿要放松，随着吸气双腿略下沉，脚稍向外旋，脚跟向臀部靠拢。膝盖不要分得太开。

知识点

蛙泳的收腿动作是把腿收到最有利于蹬水的位置。在收腿时，不要收得过多或过少，应尽量减少阻力，保证游进速度。

游泳准备活动

熟悉水性

自由泳

仰泳

蛙泳

蝶泳

出发、转身与终点技术

自救与施救的常用方法

体能训练

◀ 双脚未外旋，双腿膝关节距离较近，且双脚未勾起。

◀ 脚跟向臀部靠拢。脚尖外旋，双腿膝关节稍向外打开，双脚勾起。

第五章

蛙泳

常见问题与解决办法

错误动作 3 / 错误动作 4

小提示

双腿收至脚跟接近臀部时，膝关节和踝关节随着向后蹬腿的动作而向外转动，勾脚尖，此时脚和小腿的内侧对着蹬水方向。

▲ 没有保持肩部平直。

游泳准备活动

熟悉水性

自由泳

仰泳

蛙泳

蝶泳

出发、转身与终点技术

自救与施救的常用方法

体能训练

小提示

手掌和前臂在外划时抓水，这不仅对上身起支撑和平衡的作用，使肩部与手臂重心稳定，保持平直，还能产生一定的推进力。

▲ 转手掌的同时手臂向外推开，两手分开，超过肩宽。

错误动作 5/ 错误动作 6

常见问题与解决办法

▲ 手臂外展幅度过大。

知识点

两手之间的距离要大于两肘之间的距离。外划的速度要快于身体游进的速度。

扩展提示

手臂外划

外划时，双臂伸直，双手外旋，使掌心向外，划至两手超过肩宽的位置。

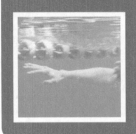

▲ 手臂外展 40~45 度。

▲ 内划时手臂、肘部过于缩紧。

▲ 向内划水时手先于手臂划动。

小提示

在整个内划的过程中，用手臂带动手掌向内划水。夹肘收手时，两手位于肩下方，保持肘部高于手。

游泳准备活动

熟悉水性

自由泳

仰泳

蛙泳

蝶泳

出发、转身与终点技术

自救与施救的常用方法

体能训练

第五章
蛙泳

错误动作 7 / 错误动作 8
常见问题与解决办法

▲ 肘部过于下沉，双手未合拢。

知识点

蛙泳划水阶段，内划是获取推进力的主要步骤。手臂外划至两肩外侧完成抓水后，开始呈半圆形轨迹的内划动作。

小提示

内划产生的推动力是划水过程中最大的推动力。双手划至头部下方且接近合拢时才开始伸臂，不要过早伸臂，这样有助于减少阻力。

▲ 肘部收于腋下，双臂贴紧身体，双手指尖并拢。

▲ 呼吸时头部上抬过高，头向后方倾斜。

▲ 不要仰头，抬起下颌，肩和背露出来后呼吸。

游泳准备活动

熟悉水性

自由泳

仰泳

蛙泳

蝶泳

出发、转身与终点技术

自救与施救的常用方法

体能训练

小提示 在蛙泳中，正确的内划动作不但有助于产生推进力，还有助于产生使身体上升的力。当上身处于一个较高的位置时，吸气，但注意不要让身体过度后仰。

第六章
蝶泳

蝶泳与蛙泳紧密相关，可以说蝶泳动作就是在蛙泳动作中分离出来的。发展到今天，蝶泳动作表现为双臂与双腿呈对称运动，身体在水中呈波浪式起伏。阻力随身体动作时大时小，双臂划水和空中移臂是伴随腿部上下打水进行的，这使游进的速度一直发生较大的变化。因此，蝶泳在发展过程中也力求减少划水过程中形成的阻力，并保持均匀的游进速度。

Chapter 06

蝶泳介绍

　　蝶泳动作是在蛙泳动作基础上演变而来的。蝶泳的姿态具有动感，但忌讳盲目使用力量。如果身体太僵硬，是不能游好蝶泳的。为了提高游进速度，要让身体放松，张弛有度地游泳。

◉ 蝶泳身体姿势

　　使用蝶泳游进时，躯干和头部有时露出水面，有时潜入水中，腿部有节奏地上下打水，形成波浪形的上下起伏的变化姿势。颈部放松，提高肩部的灵活性，抬头吐气、吸气的幅度不宜过大，下颌尽量贴近水面。背部尽量保持水平，起伏不要太大，在身姿呈波浪形变化时，力求背部保持在水面上或紧贴水面。如果背部起伏过大形成垂直运动，会增大阻力，从而会大量地耗费体力。

正确示例与容易出现的错误

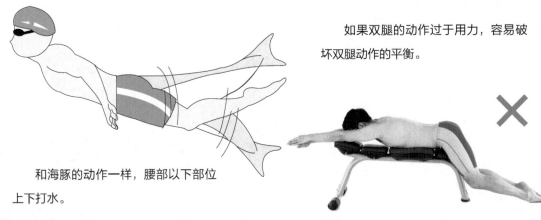

如果双腿的动作过于用力，容易破坏双腿动作的平衡。

和海豚的动作一样，腰部以下部位上下打水。

特点 1

入水

双臂与肩同宽，头部先入水，接着拇指开始入水，随后双臂入水。双手的入水点在双肩的延长线上，入水后身体沿直线向前推进。

特点 2

呼吸

呼吸的时机是在进行第二次打腿的抬腿时。在双臂前伸时要完成呼吸动作，养成头部露出水面时呼吸的习惯。

特点 3

打水

不要用腿部的力量，而是通过腰部的力量打水，要像海豚一样，腰部以下部位上下打水。

特点 4

肩部摆动

划水时转动的不是手臂，而是肩胛骨。可以放松手腕，这样整个臂部的动作都会更加轻松。如果双臂用力过度，肩部和肩胛骨的动作也会变得僵硬，从而影响动作。

蝶泳腿部动作·站立蝶泳腿部练习

扫一扫，看视频

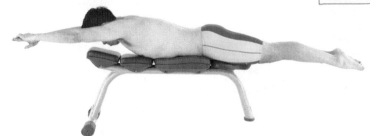

01 身体呈俯卧姿势，双臂向前充分伸展，两手交叉相叠，双腿向后充分伸展，双脚脚背绷直。

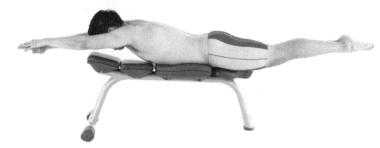

02 双腿上摆，小腿略高于大腿。

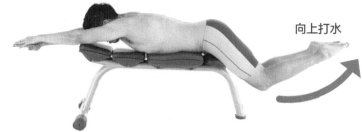

向上打水

03 双腿自然并拢，双脚稍稍内扣。臀部下沉，双腿屈膝，双脚上摆（在水中时，双脚上摆至接近水面）。

向下打水

04 小腿下压，膝关节伸直，双脚位于最低点（在水中时，臀部接近水面）。髋关节约屈曲 20 度。

扫一扫，看视频

01 双腿并拢，站在瑜伽垫上。双臂向上伸直，举过头顶，双手交叉相叠。上身稍前倾，然后向前顶髋，带动大腿前移，双脚脚跟微微抬起。背部始终保持平直。

前倾

02 双腿屈膝，同时脚跟抬起。上身前倾，髋部后移，带动大腿后移，膝盖随即伸展，脚跟落于垫上。重复练习。

小提示 站立蝶泳腿部模拟练习可以有效地帮助初学者体会躯干带动腿部运动的感觉，感受躯干的柔韧性和力量，逐渐提高躯干的控制能力。

游泳准备活动

熟悉水性

自由泳

仰泳

蛙泳

蝶泳

出发、转身与终点技术

自救与施救的常用方法

体能训练

第六章

蝶泳

腿部动作

水中垂直打水、徒手打水

小腿屈曲至水平

01 双手抱住浮板，直立漂浮于水中，使头、肩浮出水面，运用躯干的力量带动小腿向后弯曲至保持水平。

02 身体重心后移，同时双腿向前摆直，注意保持身体平稳。

扩展提示

借助道具

刚开始练习时，如果无法合理地运用躯干力量控制腿部，可以佩戴脚蹼进行练习。

扫一扫，看视频

01 身体呈俯卧姿态浮于水面。双臂在头顶上方伸直，双手交叠，双腿向后伸直。

02 腰部发力，带动小腿向上弯曲，踝关节放松，完成上打水。

双腿向下打水

03 臀部上抬，大腿下压，膝关节伸直。小腿随着大腿加速向后下方打水，双脚脚背绷直。

04 在下打水动作尚未结束时，大腿向上移动，小腿随后上移至膝关节完全伸直，下打水动作结束。

第六章

蝶泳

蝶泳手部动作

手臂动作

小提示
两手的入水点如果相距太宽，会导致划水的路线缩短，不能产生足够的推进力。

双臂在头部两侧向前伸直

01 双脚分开，与肩同宽，站在瑜伽垫上。双臂向前伸直，掌心朝下，低头面向下方。

04 逐渐伸肘、伸腕，双臂向后划水至大腿后侧，上身随之上抬。

游泳准备活动

熟悉水性

自由泳

仰泳

蛙泳

蝶泳

出发、转身与终点技术

自救与施救的常用方法

体能训练

下划水

02 双臂屈肘，双手在两肩的延长线上，手掌向下划水。

03 下划至肘关节屈曲 90 ~ 100 度，此时两手之间的距离最佳。

出水移臂

05 肩部带动手臂向上抬起至与肩平行，上身继续上抬。

06 双臂在身体两侧沿低平的抛物线向前、向内摆动至头部前方，上身随之前倾。

单臂或双臂交替

手臂动作

01 双腿并拢，站在瑜伽垫上，双臂向上伸直，举过头顶，目视前方。

02 右臂保持不动，左臂做下划水动作。同时左腿先向后摆动，脚尖点地，后向前摆动。

04 左臂从体侧向身体左后方抬起，左腿向后打水。

左臂从身体左后方绕向头顶

05 左臂继续绕向头顶，同时左腿向腿向前打水。

03 左臂继续下划至体侧，同时向左转体，左腿继续向前摆动。

06 回到起始姿势。

游泳准备活动

熟悉水性

自由泳

仰泳

蛙泳

蝶泳

出发、转身与终点技术

自救与施救的常用方法

体能训练

呼吸

蝶泳换气要点／站立划水配合呼吸

蝶泳中，手臂外划和内划阶段产生的升力使身体呈波浪形起伏后，头部露出水面吸气，然后随空中移臂迅速低头，最大限度地减小抬头动作对身体平衡的影响。

◉ 呼吸与划水配合

呼吸与划水的配合是蝶泳中非常重要的技术。手臂结束向内划水时，头部露出水面吸气，移臂时头部入水。需要注意的是，要在手出水前迅速吸气，在手入水前吸气已完成。

蝶泳的呼吸动作与蛙泳相似，双臂在向后推水时，头部出水吸气，注意不要挺胸仰头，尽量做到自然地呼吸。与双臂的动作协调配合，推水时头部出水吸气，移臂时低头呼气，减小身体上下起伏。

◉ 掌握呼吸时机

如果过早吸气，有可能引发呛水。初学者要根据头部露出水面和进入水中的时机，在头部出水的瞬间迅速完成吸气动作。

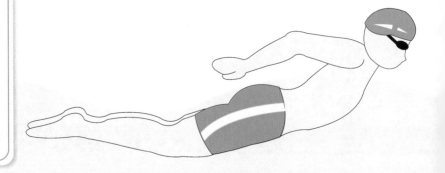

扫一扫，看视频

01 站于水中，弯腰低头，双臂向前伸直。

02 双臂开始下划，头部浮出水面，吸气。

03 双臂继续在水下划水至大腿两侧。

提臂出水

04 肩部带动手臂向上抬起，至双臂出水时，头部向下，准备入水。

05 手臂张开与头部呈约 45 度时，手腕弯曲，掌心由外向内，加速向内划水。

06 在空中移臂，头部继续向下。双臂向前伸直入水时，头部再次进入水中。

小提示 在进行此项练习的时候，先以站立姿态练习。在动作熟练后，逐步加上向前迈步的动作，这样在划水时身体前进的动作能让练习者体会划水产生推进力的感觉。

第六章

蝶泳

水上完整动作

蝶泳完整技术

01 深呼吸后，收下巴，手臂入水点在肩的延长线上，双臂同时入水。入水时肘部略微弯曲并略高于前臂，然后带动前臂和上臂依次入水。头部在手臂入水之前入水。

出水移臂

04 双腿进行第二次打水，伴随第二次打水，头部出水，吸气。双臂结束后划，出水移臂。

小提示 双臂每划一次水，都要进行两次打水。第一次打水是在双臂入水以后。第二次打水是在完成抱水后，头部上抬，双臂前伸时。

游泳准备活动

熟悉水性

自由泳

仰泳

蛙泳

蝶泳

出发、转身与终点技术

自救与施救的常用方法

体能训练

双臂抱水

02 入水后，双臂前伸，身体按照从腹部到膝部，再到小腿的顺序进行第一次打水。

03 先掌心朝斜下方外划，然后双臂向怀内抱水。抱水时身体上移出水，为下一次划水做准备。

扩展提示

海豚式打腿

蝶泳打水时，双腿并拢，通过腰部发力，身体弯曲，就像海豚一样。

05 完成吸气，手臂前伸，收下巴，头部先行入水。

知识点

在蝶泳中，借助双臂划水时水对身体的作用力，头部露出水面，快速换气。手臂入水前，头部没入水中。

第六章

蝶泳

水下完整动作

蝶泳完整技术

收下巴，
头部入水

01 深呼吸后，收下巴，头部在手臂入水之前入水。双腿屈膝，为第一
次打水做准备。

03 当身体呈直线时，先掌心朝斜下方外划，然后双臂向怀内抱水。
抱水时双腿屈膝，为下一次打水做准备。

扫一扫，看视频

知识点

蝶泳中十分重要的就是张弛有度的动作。相比蛙泳，蝶泳的动作难度更高。注意身体不要过于用力，防止肌肉变得僵硬。

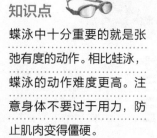

小提示

进行蝶泳时，尽量保持下巴内收。下巴前伸不仅会导致头部不能顺利入水，而且会导致身体不能做出蝶泳特有的弯曲动作。

02 头部入水后，双臂前伸，身体按照从腹部到膝部，再到小腿的顺序进行第一次打水。

手臂前伸

04 双腿进行第二次打水，伴随第二次打水，头部出水，吸气。双臂结束后划，出水移臂。

05 完成吸气，手臂前伸，收下颌，头部先行入水。

游泳准备活动

熟悉水性

自由泳

仰泳

蛙泳

蝶泳

出发、转身与终点技术

自救与施救的常用方法

体能训练

第六章

蝶泳

常见问题与解决办法

错误动作 1 / 错误动作 2

▲ 双腿屈膝过大，双脚未平行。

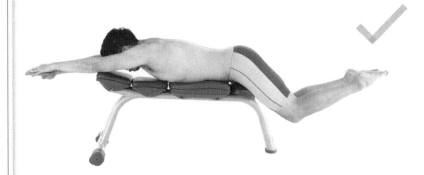

▲ 双腿自然并拢，略微屈膝，双脚上抬至水面位置，双脚稍稍内扣。

游泳准备活动

熟悉水性

自由泳

仰泳

蛙泳

蝶泳

出发、转身与终点技术

自救与施救的常用方法

体能训练

错误动作 2 ≫

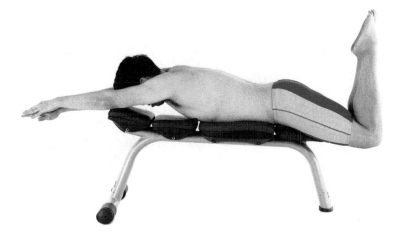

▲ 双脚上抬过高，超过水面位置。

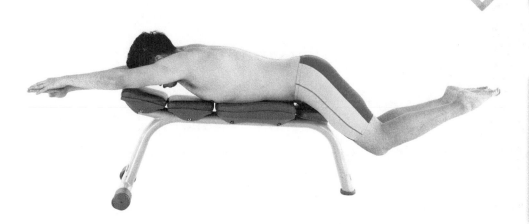

▲ 双腿自然并拢，双腿屈膝，双脚上抬至水面位置，双脚稍稍内扣。

扩展提示

蝶泳上打腿

随着膝关节弯曲程度的增加，双脚上抬至接近水面，臀部下降到最低点，双腿屈膝 50~70 度时，准备向下打水。

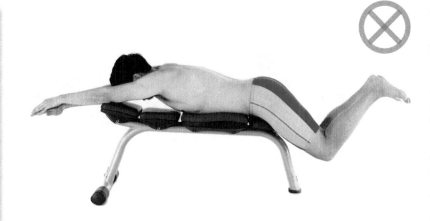

▲ 双脚脚背未绷直。

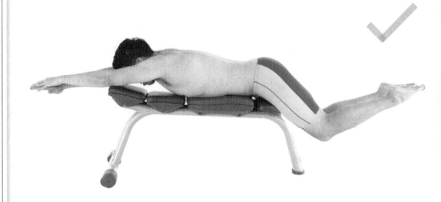

▲ 双腿自然并拢，双腿屈膝，双脚稍稍内扣，脚背绷直。

第六章

蝶泳

常见问题与解决办法

错误动作 3 / 错误动作 4

扩展提示

通过腰部力量打水

上打水时，注意保持身体稳定，将力量均匀地从腰部传到大腿、膝盖、脚踝，注意脚背始终绷直。

▲ 出水时肘部过于屈曲。

▲ 当推水结束、提肘出水后，肘关节应微屈，双臂沿身体两侧在空中前移。

游泳准备活动

熟悉水性

自由泳

仰泳

蛙泳

蝶泳

出发、转身与终点技术

自救与施救的常用方法

体能训练

小提示

在蝶泳中，双臂动作是同时进行的。要注意手臂不能用力过大，特别是从后往前移臂时，否则会导致前伸不及时。

常见问题与解决办法

错误动作5 / 错误动作6

错误动作5 >>

▲ 手臂出水上移时抬起过高。

▲ 手臂应保持在肩部高度,使双臂在身体
两侧沿低平的抛物线向前摆动。

小提示

出水移臂时,肩应该露出水面,手臂保持自然伸直的状态。

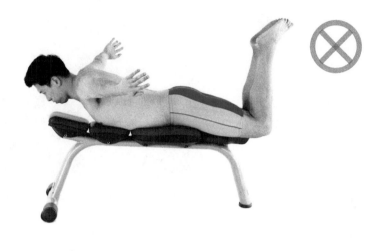

▲ 双臂与双腿抬得过高。

▲ 手臂应保持在肩部高度，双脚应抬至水面位置。

知识点

打水动作是借由躯干发力形成波浪姿态所产生的惯性带动的。上打水动作基本不产生推进力，其主要产生向上的力，以维持身体平衡。在打水的过程中，注意不要破坏身体的流线型姿势，动作是依靠躯干运动形成较小的波浪起伏来实现的。

游泳准备活动

熟悉水性

自由泳

仰泳

蛙泳

蝶泳

出发、转身与终点技术

自救与施救的常用方法

体能训练

第七章
出发、转
身与终点
技术

游泳技术中出发、转身与终点技术也是非常重要的。出发是针对游泳比赛的技术。在短距离比赛中，出发甚至决定整场比赛的胜负。转身技术是指翻转身体变换游向的技术。运动员在进行长距离竞赛时，由于泳池的长度有限，因此在游至泳池尽头处需使用转身技术折返，终点技术主要用在游泳比赛的最后一个环节，优化该项技术可提升最终成绩。

出发、转身与终点技术介绍

想要在游泳比赛中取得好的成绩，加强对出发、转身和终点技术的训练是很有必要的。

◉ 出发技术

在短距离比赛中，出发技术甚至决定整场比赛的成绩。根据官方的定义，出发是指从发出信号开始，运动员的头部从出发点行进至离池边 15 米处之间所有的动作过程。

出发技术可以反映一名运动员的心理素质。出发技术好的运动员常用出色的出发战术扰乱对手的节奏。

出发技术包括四个基本要素。

（1）预备：在游泳池边或出发台上所采用的姿势。

（2）蹬：具有爆发力的动作，产生在泳池中前进的动力。

（3）入水：从空气到水中的过渡。

（4）呈流线型姿势：身体保持舒展，将动量带入水中，把它作为初始的游进速度。

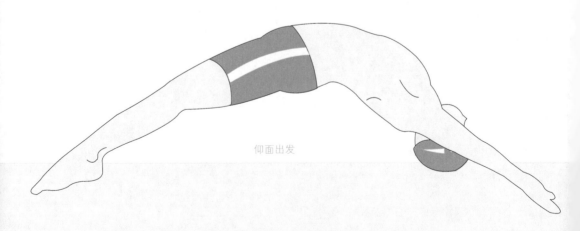

仰面出发

◉ 转身技术

在游泳比赛中，需要改变方向时，有效的转身可以节省比赛时间，提高比赛成绩。

转身技术包括三个基本要素。

（1）接近池壁：在游进至池壁之前，判断好自身与池壁的距离，调整手臂划水的频率，尽量使双臂在下一次移臂后触碰池壁。

（2）转身：在触壁的瞬间，借助推力使身体入水、转身，双脚蹬住池壁。

（3）蹬离、滑行与出水：身体完全入水后，双脚用力蹬离池壁，身体尽量伸展，呈流线型滑出。接近水面后，转成正常的泳姿向前游进。

◉ 终点技术

终点技术是比赛结束前的最后一项技术，优化该项技术可提高最终成绩。在临近终点时加快换臂速度，增强打水力度；面部尽量留在水中，减少换气次数，因为抬头会使速度变慢；手臂向前伸直，触碰池壁。

出发技术

出发准备姿势 — 重心在前准备姿势

出发准备姿势 »

扫一扫，看视频

01 身体站立在出发台上，左脚在前（根据个人习惯，也可右脚在前，余同），脚趾扣住出发台的前沿，右脚在后，脚跟向上抬起，双手自然放于身体两侧。

知识点

该出发姿势将田径的起跑姿势与抓台式出发技术相结合，能充分发挥运动员的爆发力。

02 当听到裁判发出的信号后，弯腰俯身，双手抓住出发台的前沿，双腿屈膝，重心落于右脚。

小提示 充分利用伸髋和蹬台形成较强的冲力，跃得更快、更远。

身体重心前移

01 身体站立在池边，侧脚在前，脚趾扣住泳池前沿，对侧脚在后，脚尖点地，双手自然放于身体两侧。

02 听到裁判发出的信号后，弯腰俯身，双手抓住泳池的前沿，双腿屈膝。臀部和身体重心向前下方移动。

扩展提示

重心在后准备姿势

重心在后的准备姿势是错误的。双臂向后拉，导致臀部和身体重心向后方移动，后脚脚跟着地，会降低运动员的出发速度，影响最终比赛成绩。

游泳准备活动

熟悉水性

自由泳

仰泳

蛙泳

蝶泳

出发、转身与终点技术

自救与施救的常用方法

体能训练

第七章

出发、转身与终点技术

出发技术

抓台式出发

01 听到裁判发令后，走上出发台。双脚分开，与肩同宽，双脚脚趾勾住出发台前沿，弯腰俯身，双手抓住出发台前沿，全身放松。

知识点

在游泳比赛中，当听到"各就位"信号时，就应该前移身体重心，以便能够更快、更有力地出发。

身体重心前移

02 听到"出发"信号后，立即上拉手臂，使臀部和身体重心越过出发台前沿向前下方移动，此时应屈膝、屈髋，双臂略微屈肘。

03

当脚蹬离出发台后，手臂迅速向前、向下伸直，头部也跟随手臂向下方移动。身体尽量保持舒展，双脚并拢，身体各部位保持紧张，以流线型姿势入水。

小提示 在听到"出发"信号后，应立即做出反应，动作快速且连贯。在训练中记住抓台动作的时机和节奏，利用手臂抓台保持身体的平衡。

游泳准备活动

熟悉水性

自由泳

仰泳

蛙泳

蝶泳

出发、转身与终点技术

自救与施救的常用方法

体能训练

摆臂式出发

出发技术

双臂向两侧打开

游泳准备活动

熟悉水性

自由泳

仰泳

蛙泳

蝶泳

出发、转身与终点技术

自救与施救的常用方法

体能训练

01 身体站立在池边，左脚在前，脚趾扣住泳池前沿，右脚在后，脚尖点地，双手自然放于身体两侧。

02 双腿保持不动，双臂向前抬起，掌心朝下。

知识点

摆臂式出发是出发技术之一。由于动作难度较低，常被初学者或初级运动员使用。

03 双臂向上、向外移动，与肩在同一平面后，向下、向内移动。身体保持平稳。

04 双臂经身体两侧后向上移动，身体前倾，双腿屈膝，大小腿夹角为165~170度，重心降低。头夹于双臂之间，目视前下方。

小提示 此出发姿势的支撑点稳，上身的肌群适度放松，头部和躯干大致呈一条直线，以便起跳摆臂时迅速抬头，增强起跳的力量。

第七章

出发、转身与终点技术

出发技术

环绕摆臂式出发

01 身体站立在出发台上，左脚在前，右脚在后。双臂向前抬起，掌心朝下。通过观察水中队友的游进速度，判断队友触壁的时间。

03 在水中队员触壁的同时，随着身体前移，手臂迅速向前、向下伸直，利用腿部蹬伸，双脚蹬离出发台向空中跃出。

双臂向后摆动

02 当队友即将触壁时，右脚向前，双腿站于出发台前沿。双腿屈膝，同时双臂向后摆动，将身体重心前移，准备起跳离台。

04 当脚蹬离出发台后，身体尽量保持舒展，双脚并拢，身体各部位保持紧张，以流线型姿势入水。

仰泳出发

出发技术

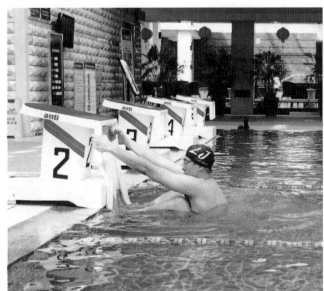

01 在出发台边，两手握住握手器，双腿屈膝，大腿与胸部相贴，双脚掌蹬在池壁上，脚略低于水面或与水面持平。

蹬离出发台

04 听到"出发"信号后，头部向后上方扬起，伸展髋关节和两侧膝关节，两手推握手器，双脚蹬池壁，将身体向后上方推起。

游泳准备活动

熟悉水性

自由泳

仰泳

蛙泳

蝶泳

出发、转身与终点技术

自救与施救的常用方法

体能训练

双臂屈肘上拉

02 在听到"各就位"的信号后，双手紧握握手器，双脚发力蹬池壁，使身体重心上移，为出发做准备。

03 双脚继续发力，屈臂，将身体最大限度地向上拉，使身体的大多数部位处于水面之上。

05 身体继续向后上方腾空，起跳角度为 15~25 度。双臂摆向头顶上方，稍稍挺胸抬头，呈背弓姿势进入水中。

小提示

仰泳出发时，双脚在水中的位置要适宜，方便将身体蹬离池壁。在起跳前，应低头含胸，并将身体最大限度地向上拉。起跳时，髋部、膝部、踝部要充分展开。

转身技术

自由泳摸边转身

01 以自由泳泳姿向池壁游去，快要到达池边时，伸直手臂去够池壁，伸手时保持手臂伸直，肘部锁定。

双脚蹬住池壁

04 双脚用力蹬池壁，快速转身，右手离开池壁。

小提示 | 自由泳摸边转身要注意转身的速度。想提高转身的速度要注意在高速的转身前，获得足够的前冲力，还要锻炼自身柔韧性，让动作保持流畅、协调。

扫一扫，看视频

游泳准备活动

熟悉水性

自由泳

仰泳

蛙泳

蝶泳

出发、转身与终点技术

自救与施救的常用方法

体能训练

摸边转身

02 双臂屈肘，用手掌触摸池壁，保持双腿并拢，膝关节微微弯曲。

03 双腿收拢，身体蜷缩。右手放在池壁上，左手向身体一侧。

05 双臂交叉伸直，举过头顶。

06 双脚继续用力，蹬离池壁，利用冲力，滑行 2~3 秒。

扩展提示

双臂向上伸直

双臂向上伸直会帮助身体直线前进，有助于减少前进时的水对身体的阻力。

第七章

出发、转身与终点技术

自由泳翻滚

转身技术

01 以自由泳泳姿向池壁游去，根据距离决定最后的划水次数，翻滚前最后一次呼吸，双脚交替打水。

03 最后一次划水后，在距池边还有一臂距离时，双臂置于身体两侧，双腿略微屈膝，准备翻滚。

扫一扫，看视频

02 继续向池边游去，观察池壁，调整距离，在接近池壁 4~5 米时，用优势侧的手臂做最后一次划水。

04 快速低头收腹，身体蜷缩，双手掌翻转向下，用力向下划水。先憋气，后用嘴巴呼气，避免呛水。

05 双腿屈膝触壁，双臂交叉伸直，举过头顶。

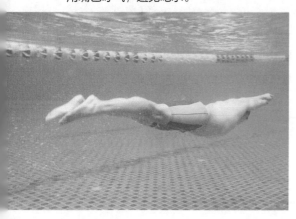

06 侧身将手臂伸直夹在头后，再用力蹬壁，使身体侧转。

07 蹬离池壁的同时转身，在向前滑行的过程中将身体转正。翻滚后开始正常游进，快速打腿继续自由泳动作。

游泳准备活动

熟悉水性

自由泳

仰泳

蛙泳

蝶泳

出发、转身与终点技术

自救与施救的常用方法

体能训练

第七章

出发、转身与
终点技术

转身技术

蛙泳转身技术

01 以蛙泳的泳姿向池壁游去，在快要到达池边时，双臂前伸，伸手去够池壁。

身体入水，伸直手臂

04 吸气，然后头部没入水中，双臂交叉伸直，举过头顶。当身体完全没入水中后，身体呈侧卧姿态，双脚蹬住池壁。

小提示

以蛙泳的泳姿游向池壁前，要判断好自身与池壁的距离，调整手臂划水频率，尽量使双臂在下一次移臂后触碰池壁。接近池壁之前不要降低自身的游进速度，要利用冲力获得转动的动量。

扫一扫，看视频

游泳准备活动

熟悉水性

自由泳

仰泳

蛙泳

蝶泳

出发、转身与终点技术

自救与施救的常用方法

体能训练

转身蹬壁

02 最后一次蹬腿后，双手在水下触壁。

03 右手推池壁，左臂向后划，双膝屈曲并靠近胸部，躯干向左、向后翻转，右臂顺势经水上向后划。完成转身后，双脚用力蹬池壁。

05 双脚发力蹬壁，将身体从池壁上推开，利用冲力，滑行2~3秒。

扩展提示

蹬壁技巧

蹬壁时，双脚同时发力，同时将身体转动45度，回到正常姿势。

知识点

在滑行过程中，身体逐渐调整为俯卧姿态，快速打腿。当滑行速度接近游进速度时，立即在水下做长划臂动作出水，吸气。

蝶泳转身技术

转身技术

01 以蝶泳泳姿向池壁游去，在快要到达池壁时，伸直手臂去够池壁。注意接近池壁前不要降低自身的游进速度，要利用冲力获得转动的动量。

抵壁转身

03 右手离开池壁，身体向左侧转动。双脚抵池壁，完成转身动作，并完成呼吸。

扩展提示

保持身体平衡

转体时，要保持躯干在一条直线上，即颈部、背部保持平直，这样有利于身体保持平衡。注意膝盖不能露出水面。

触摸池壁

游泳准备活动

熟悉水性

自由泳

仰泳

蛙泳

蝶泳

出发、转身与终点技术

自救与施救的常用方法

体能训练

知识点

在蝶泳时，接近池壁后通常采取摆动式转身。根据官方规则，仰泳和蛙泳比赛均需要双手触壁，转身后在水下以海豚式打腿推进，但打腿距离不能超过15米。

02 双手触摸池壁，然后双腿并拢，屈膝团身，左臂向下划，同时身体沿纵轴向左侧转动，并抬头吸气。

手臂伸直，准备蹬壁滑行

04 双腿屈膝蓄力，为蹬池壁做准备。双臂屈肘上抬至头顶。

05 双手相叠，举过头顶，双臂伸直，双腿蹬壁发力，将身体蹬离池壁，展体，利用冲力滑行2~3秒。

小提示

沿身体纵轴做转体动作。躯干在一条直线上，有利于保持身体平衡。转体时要求身体多处肌肉，尤其是核心肌群，保持紧张，协调发力，由肩部带动完成转体。

第七章
出发、转身与终点技术

转身技术

仰泳转身技术

身体正面朝下

蹬住池壁

扫一扫，看视频

转为侧身

01 以仰泳泳姿向池壁游去，通过身体左右转动，观察身体到池壁的距离。

02 在距离池壁还有两次划水的距离时，利用抱水的力量向一侧转肩，转为侧身姿势，双脚保持打水。

翻滚转身

03 在距离池壁还有一次划水的距离时，身体向划臂一侧转动，身体转成俯卧姿态。

04 利用抱水的力量，头部开始下潜，此时可以采用海豚式打水保持动量。

05 双腿弯曲，双脚稳稳地用力蹬向池壁，手臂在头顶上方交叉伸直。

06 利用蹬壁的力量，让身体呈流线型滑行 2~3 秒后，继续仰泳动作。

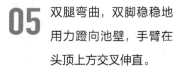

小提示 翻滚转身需要较长的时间和较大的力度，因此入水前要吸足气。

右侧栏目：

游泳准备活动

熟悉水性

自由泳

仰泳

蛙泳

蝶泳

出发、转身与终点技术

自救与施救的常用方法

体能训练

终点技术

自由泳终点技术／蛙泳终点技术

01 临近终点时加快换臂速度，一侧手臂向前伸直，对侧手臂在水下用力加速划水。此时大腿要用力，连续多次打水。

02 接着在水面上的手臂向前伸直，注意不是用手掌而是用指尖触壁，面部留在水中。

小提示 即将到达终点时，加快手臂划动和腿部打水的速度。面部尽量留在水中，因为抬头会使指尖触壁速度变慢。

扫一扫，看视频

01 以蛙泳泳姿游向终点时，最后几次的手臂划水与换臂速度要加快，并用力打腿，不要使用海豚式打腿。

02 双手同时到达池壁，为减小阻力，双臂应并拢触壁。面部留在水中，不要抬头，面向池壁伸展身体。

知识点

以蛙泳泳姿到达终点时，双手应同时触碰池壁。身体呈水平姿态，贴近流线型，这样既能省力，又能减小水的阻力。

游泳准备活动

熟悉水性

自由泳

仰泳

蛙泳

蝶泳

出发、转身与终点技术

自救与施救的常用方法

体能训练

第七章

出发、转身与终点技术

终点技术

蝶泳终点技术－仰泳终点技术

01 在接近终点时手臂加速划水，大腿也要倾尽全力，要连续多次打水。屈肘入水，空中移臂。

02 身体尽力向前方游动，展体，不要抬头，手臂向前伸直，以减小阻力，双手同时触碰池壁。

知识点

在接近终点时加快手臂的划水速度，增加腿部上下打水的次数。注意头部不要离开水中，因为抬头会导致触碰池壁的速度变慢，影响最终成绩。

小提示

在蛙泳和蝶泳比赛中，到达终点时必须双手同时触壁。而在自由泳和仰泳比赛中，到达终点时可以只用一只手触壁。

扫一扫，看视频

游泳准备活动

熟悉水性

自由泳

仰泳

蛙泳

蝶泳

出发、转身与终点技术

自救与施救的常用方法

体能训练

01 以仰泳泳姿游向终点，根据泳池一侧的旗子判断终点的距离，加快手臂划水与双脚打水的速度。

02 不触壁的手用力划水，对侧手臂向头顶上方伸直，准备触壁。

03 伸展身体，头顶上方的手触壁。

第八章
自救与施
救的常用
方法

Chapter 08

不懂水性的人和游泳初学者一旦入水，可能无法正常呼吸，这会对生命构成威胁。所以了解溺水时的自救常用方法，做好溺水事故的预防工作非常重要。在溺水或不慎落水时，除了大声呼救外，还必须保持冷静，设法自救。本章讲解自救与施救的常用方法。

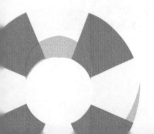

自救与施救的常用方法介绍

在游泳过程中一旦溺水或在水中遇困时，首先要保持冷静，看清方向，保持呼吸协调。拼命挣扎只会使体力过早耗尽，加速身体下沉。在学习自救技术前，要了解造成溺水的原因和容易发生溺水事故的情况。

◉ 造成溺水的原因

（1）心理原因。

对于不懂水性的人和游泳初学者来说，一旦第一次在水中因憋气不当而呛水，就会产生怕水心理，下一次入水时就会因怕水而身体紧绷，无法自然地做水中的动作。想要克服怕水心理就需要在教练的陪同下，在水中多做走步、跳起、原地憋气等动作，慢慢让身体适应水。容易呛水的学习者要在陆地进行模拟练习，当技术熟练后再进入水中尝试憋气、漂浮等动作。

（2）生理原因。

生理原因包括自身在游泳时突然体力不支，肢体运动跟不上节奏，泳前饱食影响身体运动，空腹游泳无法给予身体足够的力量，酒后游泳造成神经系统不协调等。要避免这些问题就要清楚地了解自己的身体能力，不做长距离游泳，不过度消耗体力，饮食合理，不酒后游泳。

（3）病理原因。

慢性病患者要在医生的指导下或有人看护时进行游泳运动，否则会有危险。例如，有些心脏病患者下水受到冷水的刺激或游泳运动量过大，心脏可能一时不能适应而发病，导致发生溺水事故。所以，患有慢性病的人进行游泳运动必须遵医嘱，且运动负荷不要太大。

（4）技术原因。

技术原因是指游泳初学者对技术掌握得还不是很好，一旦在水中出现问题会手忙脚乱，导致呛水

或溺水。为预防溺水事故发生，平时应通过陆上和半陆半水的练习正确掌握游泳技术，做到呼吸自如。一旦呛水，需保持镇定和冷静，调整身体姿态，立即上岸休息。

（5）其他原因。

除以上几种造成溺水的内在原因外，还有一些外在原因也会造成溺水事故。例如，游泳场所的组织管理不规范，设施有安全隐患等。游泳者需时刻保持强烈的自我保护意识。

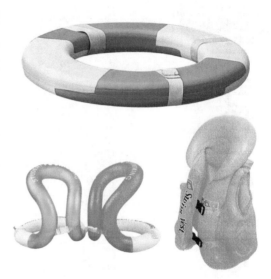

● 容易发生溺水事故的情况

（1）在非游泳区游泳。

在非游泳区游泳，自身的安全没有保障，且水中的情况复杂，即使技术不错也可能会发生溺水事故。非游泳区的水中可能有暗桩、礁石、急流、旋涡、水草及其他障碍物，它们可能对游泳者造成伤害，导致溺水。

（2）意外落水。

意外落水是指在水边活动时，因为不小心踩滑或外力等原因失足落入水中。

（3）危险跳水。

危险跳水是指在浅水区或深度不够的水域跳水，导致头部碰撞池底，造成溺水。很多年轻的游泳者在泳池进行戏水活动时，常常想做高难度的跳水动作，这样做是非常危险的。

（4）抽筋。

抽筋是指由于游泳前未做好热身活动、身体过于疲劳、出汗后立刻下水、水温过凉、技术动作过于僵硬等，手臂、腿和脚趾等部位的肌肉发生痉挛。如果不能较好地处理，抽筋也会导致溺水。

（5）逞强做长距离游泳。

逞强做长距离游泳是指超出自身的体能范围强行游进。例如，自身只能游 1000 米，而非要逞强游进 1500 米长的水域，容易因体力不支而发生溺水事故。有些游泳者喜欢挑战极限，这样做非常危险。遇到上述情况，不要逞能，赶紧回岸，及早呼救。

（6）浮具意外破裂。

浮具意外破裂是指一些不懂水性的人或初学者喜欢佩戴游泳圈等浮具下水戏耍，但是浮具因为某种原因破裂后，不能再为身体带来支撑的浮力，导致溺水事故。所以要佩戴优质的浮具下水，一旦发生事故后要及早呼救。

第八章
自救与施救的常用方法

寻找漂浮物、水母漂

自救与施救的方法

当自身在水中身体不适或者不熟悉水性即将溺水时，应保持冷静，寻找如救生圈、救生袋、救生枕、木板木块等漂浮物，利用其在水中漂浮。这样一来，如果救援不及时也不会因为体力耗尽而沉底，还可以让救援人员更好地发现自己。

扩展提示

保持情绪稳定

漂浮物可以帮助溺水者延长漂浮时间。在等待救援的过程中，要尽量保持情绪稳定，不要惊慌。过度的紧张和慌乱，会使溺水情况更严重。

扫一扫，看视频

01 站在泳池中，双臂分开并向两侧压水，同时深吸一口气，面部没入水中。

知识点

使用此动作可以在水中持续很长的时间，用最少的体力，等待施救。

02 头部没入水中后，双膝屈曲并贴靠胸部，双手抱膝，像水母一样漂浮在水中。

小提示

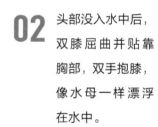

需要换气时，双手向下压水，双脚前后夹水，利用反作用力抬头，瞬间吸气，然后继续呈漂浮状态。

十字漂／仰卧漂

自救与施救的方法

十字漂 >>

扫一扫，看视频

双臂侧平展，双腿自然下垂，漂浮于水面。需要换气时，双手向后、向下划水，双腿夹水，抬头，使脸部露出水面呼吸。

其他角度

知识点

可利用十字漂带来的浮力，在水中漂浮，以此自救。该动作对体力的消耗较小，有助于在水中维持较长的时间。

仰卧漂 >>

扫一扫，看视频

首先站立于水中，保持身体平稳。接着全身放松，头向后仰，双腿伸展，双臂伸直，双手交叉相叠，举过头顶，吸气后憋气，使身体仰面漂浮于水面。

其他角度 ⚓

小提示

仰卧漂是一种救生技能，如果在水中遇到麻烦，就可以用仰卧漂使身体漂浮在水面上。

游泳准备活动

熟悉水性

自由泳

仰泳

蛙泳

蝶泳

出发、转身与终点技术

自救与施救的常用方法

体能训练

小腿抽筋的解决办法 | 救生杆施救

01 双手握住抽筋腿的脚趾，抽筋腿向上屈膝抬起，另一条腿踩水，帮助身体上浮。

02 双手用力向上拉，使抽筋腿伸直，连续多次至抽筋腿恢复正常。上岸后对腿部进行按摩。

> **小提示**
> 在水中游泳时，因水温过低，肌肉容易因疲劳而抽筋。如果双手抽筋，可以迅速握紧拳头，再用力伸直，反复多次，直至复原。如果上腹部肌肉抽筋，可仰卧于水中，把腿收向腹部，然后伸直，反复多次，直至复原。

救生杆用于营救溺水者，是游泳场所必备的救生器材之一。施救者直接靠近溺水者有溺水的危险，因此可以使用救生杆在岸上施救。注意使用救生杆施救时要运用手臂的力量，将杆递向溺水者，不要出现捅或打的动作，避免误伤溺水者。

扩展提示

救生杆的使用

使用救生杆施救非常简单。施救者双脚前后分开，站在平稳的地面上，将救生杆递向溺水者，把溺水者拉向岸边。如果溺水者的位置超过救生杆的施救距离，可以向远处水面抛出救生绳进行施救。

游泳准备活动

熟悉水性

自由泳

仰泳

蛙泳

蝶泳

出发、转身与终点技术

自救与施救的常用方法

体能训练

第九章
体能训练

好的游泳技术需要优秀的体能支撑。除了肌肉力量和耐力训练，游泳者的体能训练还包括爆发力训练、柔韧性训练等。本章的体能训练动作调动了游泳运动中常用的肌肉，具有针对性与系统性，有助于循序渐进地提高游泳技能。

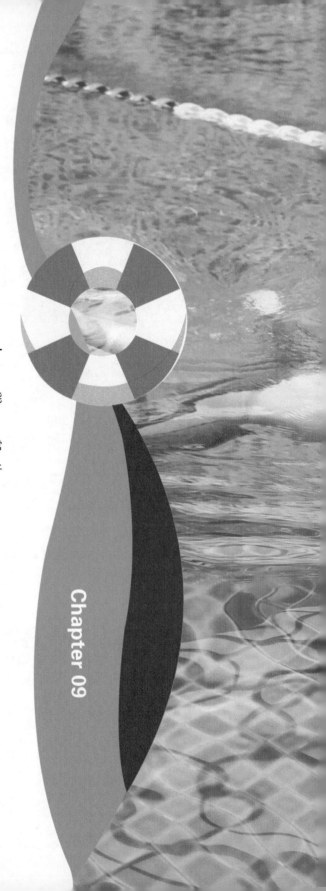

Chapter 09

体能训练介绍

　　在掌握游泳技术后，还要具备优秀的体能。体能训练主要锻炼在游泳中主要应用到的身体部位，通过提高这些部位的力量、耐力、爆发力和柔韧性，可间接地提高游泳技术水平。

◉ 力量

　　游泳是一项全身性的运动，肌肉力量是影响游进速度的重要因素之一。人体在水中运动时需要克服比在空气中运动大很多的阻力，所以在水中游泳时要具备一定的肌肉力量。在每一次划水时，肌肉力量会产生推进力，从而获得游进速度。

◉ 爆发力

　　爆发力是游泳时速度和力量的结合。在游泳运动中好的爆发力可以使运动员如虎添翼，动作的完成质量也会更高。通过平时爆发力的训练，运动员可以提高出发和转身等重要动作的完成质量，同时也可以增强划水的力量。在短距离游泳运动中，出发和转身时的爆发力出色的话，可以为自己赢得很大胜算。两个具有相同力量素质的运动员，速度更快的一方会具备明显的优势，所以爆发力越强，游泳时的优势就越大。

◉ 耐力

耐力是指游泳中身体的耐久能力，可以参考比赛的强度进行间歇性训练来提高人体的适应能力，从而提高耐力，也可以采用适中的强度进行距离较长的游泳练习。只有当耐力水平达到一定的程度之后，才能够提高游进速度。耐力训练要遵照循序渐进的原则，不论是训练的强度，还是训练的密度，都要由易到难、由少到多，逐步增加，慢慢向更高的水平过渡。

◉ 柔韧性

柔韧性是指人体关节的活动度。柔韧性越好，关节的活动度越高，动作连贯性越好。良好的柔韧性能使游进过程中的动作更加轻松自然，同时能有效地增大划水的幅度，从而提升划水效果，使游泳技术更完善。尤其是肩、膝、踝等关节部位的柔韧性，对运动员减少在水中受到的阻力，保持良好的流线型姿势，并快速有效地游进起关键作用。

小哑铃锻炼手腕 | 力量强化

扫一扫，看视频

向上伸腕

01 双脚自然分开，挺胸抬头。右手握紧哑铃，右臂向前伸直，左手放于体侧，目视前方。

02 前臂发力，右手向上伸腕至拳心向前。

向下屈腕

扩展提示

手腕发力

手臂始终伸直，上臂和前臂保持不动，利用腕关节的屈曲与伸展锻炼手腕。

03 保持上臂和前臂不动，前臂向下发力，向下屈腕至最大幅度。恢复起始姿势，重复规定的次数。换至对侧重复。

单臂弯举哑铃 | 力量强化

扫一扫，看视频

01 双脚自然分开，挺胸抬头。右手持哑铃，双臂垂于身体两侧。

02 保持核心收紧，右臂屈肘，上抬哑铃。

03 将哑铃一直抬至肩部高度。

04 还原成初始姿势，重复规定的次数。换至对侧重复。

游泳准备活动

熟悉水性

自由泳

仰泳

蛙泳

蝶泳

出发、转身与终点技术

自救与施救的常用方法

体能训练

哑铃三角肌前举 | 力量强化

扫一扫，看视频

01 双脚分开，与肩同宽，挺胸抬头，双手各持一只哑铃，手臂垂于体前。

小提示 游泳中，手臂的移动很重要。哑铃三角肌前举可以很好地锻炼手臂与肩部肌群，有助于提高手臂的灵活性。

02 双臂发力，向上抬起哑铃至与肩平行，肘关节始终伸直。

其他角度 ☟

03 双臂收回落下。恢复起始姿势，重复规定的次数。

哑铃三角肌侧举 | 力量强化

扫一扫，看视频

双臂抬起至与肩保持水平

01 双脚分开，与肩同宽，挺胸抬头，双手各持一只哑铃，双臂垂于身体两侧。

02 双臂向两侧抬起，将哑铃上举至与肩保持水平。然后慢慢放低哑铃，恢复起始姿势，重复规定的次数。

其他角度 ⬇

知识点

活动双臂来提升肩部灵活性，可以使上肢活动范围增大，动作更灵敏，这对于游泳运动的手臂动作非常重要。注意整个动作过程中，保持核心收紧，身体稳定。

哑铃站立后举 | 力量强化

扫一扫，看视频

双臂举至与身体
呈约 45 度

01 双脚分开，与肩同宽，双手握哑铃，自然垂于身体两侧。

02 保持腹部肌肉收紧，双臂向后、向上举，直至与身体呈约 45 度。

03 手臂放下。恢复起始姿势，重复规定的次数。

其他角度 ⬇

小提示

哑铃站立后举可以锻炼肩部与手臂肌肉。注意运动过程中，保持手臂伸直，不要屈肘，身体核心收紧，不要耸肩。

哑铃卧推 | 力量强化

扫一扫，看视频

01 身体仰卧于训练凳上。双脚分开，双膝屈曲 90 度，两手分别握一只哑铃，置于胸部正上方，手臂伸直。

下降哑铃至肘关节屈曲 90 度

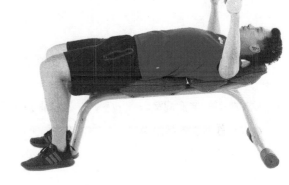

02 双臂屈肘，将哑铃缓慢下降，直至肘关节屈曲 90 度。核心收紧，保持身体平稳。

知识点

推举过程中胸部发力，注意保持哑铃稳定。

03 将哑铃向上举至肘关节完全伸直。恢复起始姿势，重复规定的次数。

游泳准备活动

熟悉水性

自由泳

仰泳

蛙泳

蝶泳

出发、转身与终点技术

自救与施救的常用方法

体能训练

弹力带肩功能位外旋 | 力量强化

扫一扫，看视频

01 双脚分开，与肩同宽。双手分别紧握弹力带一端。双肘屈曲90度。

02 上臂保持不动，前臂向后、向上抬起，拉伸弹力带。

03 将弹力带一端拉伸至与头部平齐的位置。回到起始姿势，重复规定的次数。

其他角度 ⬇

小提示 弹力带肩功能位外旋可以增强肩部肌群力量。注意核心收紧，上臂保持不动。

弹力带肩外旋 | 力量强化

扫一扫，看视频

01 双脚分开，与肩同宽。双手分别紧握弹力带一端，双肘屈曲90度。

02 上臂保持不动，前臂向外旋转，将弹力带向身体两侧拉伸。

向身体两侧拉伸弹力带

扩展提示

上臂贴近身体

运用肩关节外旋锻炼肩部肌群的力量。运动过程中保持核心收紧，上臂尽量贴近身体。

03 保持肘关节位置不动，双臂继续向外拉伸至最大限度。然后回到起始姿势，重复规定的次数。

游泳准备活动

熟悉水性

自由泳

仰泳

蛙泳

蝶泳

出发、转身与终点技术

自救与施救的常用方法

体能训练

弹力带单侧肩内旋 | 力量强化

扫一扫，看视频

> **知识点** 🥽
>
> 通过肩关节的内旋增强肩部肌群力量。运动过程中保持核心收紧，不要耸肩。

01 双脚分开，与肩同宽，挺胸抬头。右臂向外屈曲，右手紧握弹力带一端，左臂自然下垂，置于身体左侧。

02 右前臂向内旋转，将弹力带向腰部内侧拉伸，保持肘关节位置不动。

小提示 有节奏地进行练习，注意内旋时呼气，恢复时吸气。

03 将弹力带一端拉伸至腰部左侧。回到起始姿势，重复规定的次数。换至对侧重复。

弹力带单侧肩功能位内旋

力量强化

扫一扫，看视频

01 双脚分开，与肩同宽，挺胸抬头。右臂向上屈曲，右手紧握弹力带一端，左臂自然下垂。

02 保持身体姿势不变，右臂向前拉伸弹力带。

03 保持肘关节位置不动，拉伸弹力带至前臂与地面平行。回到起始姿势，重复规定的次数。换至对侧重复。

其他角度 ●

知识点

运用弹力带进行练习，弹力带的弹力可以模拟水中的阻力，以此锻炼手臂和肩部肌群。

游泳准备活动

熟悉水性

自由泳

仰泳

蛙泳

蝶泳

出发、转身与终点技术

自救与施救的常用方法

体能训练

哑铃俯身反向飞鸟 | 力量强化

扫一扫，看视频

01 双脚自然分开，挺胸抬头。双手各持一只哑铃，手臂垂于身体两侧，拳心朝向大腿。

02 上身前屈，使背部与地面接近平行，双臂保持伸直于体前，注意不要屈膝。

双臂抬起至与肩保持水平

小提示 通过活动双臂来提升肩部灵活性，可以使上肢活动范围增大。

03 双臂向两侧抬起，将哑铃上举至与肩关节保持水平。然后慢慢放低哑铃，恢复起始姿势，重复规定的次数。

卷腹 | 力量强化

扫一扫，看视频

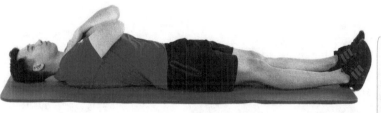

01 仰卧在瑜伽垫上。双腿伸直，双臂交叉抱在胸前。

知识点

卷腹是锻炼腹部肌肉的经典动作。腹部力量在游泳中可以起到维持身形的作用，且有利于腿部力量的发挥。

02 核心收紧，依靠腹肌的力量，将头部和肩部抬起。双腿保持姿势不变。

腹部肌肉发力

小提示 运动过程中双腿放松，卷腹起身时上腹有明显的收缩发力感。

03 抬起至背部离开地面。然后恢复起始姿势，重复规定的次数。

右侧栏目：
游泳准备活动
熟悉水性
自由泳
仰泳
蛙泳
蝶泳
出发、转身与终点技术
自救与施救的常用方法
体能训练

药球俄罗斯式扭转 | 力量强化

扫一扫，看视频

01 坐在瑜伽垫上。屈肘，双手抱住药球，将其放于腹部上方，双脚并拢，抬起双腿。

02 保持双腿和臀部稳定，腹部收紧，肩部和手臂固定，上身向右侧扭转。

向右侧转体

向左侧转体

03 上身向左侧扭转，保持身体稳定。重复规定的次数。

小提示

通过上身的扭转，该动作能锻炼腹外斜肌、腹内斜肌、腹直肌等腹部肌肉。

V 形上举 | 力量强化

扫一扫，看视频

游泳准备活动

熟悉水性

自由泳

仰泳

蛙泳

蝶泳

出发、转身与终点技术

自救与施救的常用方法

体能训练

01 仰卧在瑜伽垫上。头部放正，双腿伸直，双臂自然放在身体两侧，手心朝下紧贴瑜伽垫。

02 双臂向头顶上方伸直，掌心朝上，做好收缩腹部肌肉的准备。

知识点

V 形上举可以锻炼腹直肌。注意全程保持核心收紧，四肢协调一致，尽量保持悬空。

03 保持双脚并拢，膝关节伸直。腹部发力，同时抬起双腿与上身，让双手尽量靠近双脚。然后恢复步骤 02 中的姿势，重复规定的次数。

杠铃深蹲 | 力量强化

扫一扫，看视频

01 双脚分开，与肩同宽或略宽于肩，身体直立。将杠铃杆置于肩后方的斜方肌处，双手握紧杠铃杆两侧。

02 挺胸收腹，双腿屈膝下蹲至大腿与地面平行。然后恢复起始姿势，重复规定的次数。

其他角度 ⬇

小提示 下蹲过程中，背部始终挺直，膝关节和脚尖方向保持一致。

杠铃硬拉 | 力量强化

扫一扫，看视频

游泳准备活动

熟悉水性

自由泳

仰泳

蛙泳

蝶泳

出发、转身与终点技术

自救与施救的常用方法

体能训练

01 双脚分开，与肩同宽或略宽于肩。屈髋，使身体前倾，略屈膝，双手于膝关节下方握紧杠铃杆两侧。

02 躯干挺直，挺胸收腹，双眼直视前方。伸髋伸膝，双手提拉杠铃，站起至躯干直立。恢复起始姿势，重复规定的次数。

扩展提示

背部保持挺直

杠铃硬拉是通过髋关节与膝关节的伸展，锻炼全身肌群。运动时背部始终挺直，体会臀部和大腿后侧的收缩发力感，以及整个背部的紧绷感。

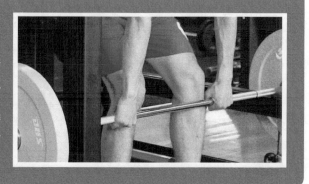

3 分钟跳绳 | 耐力强化

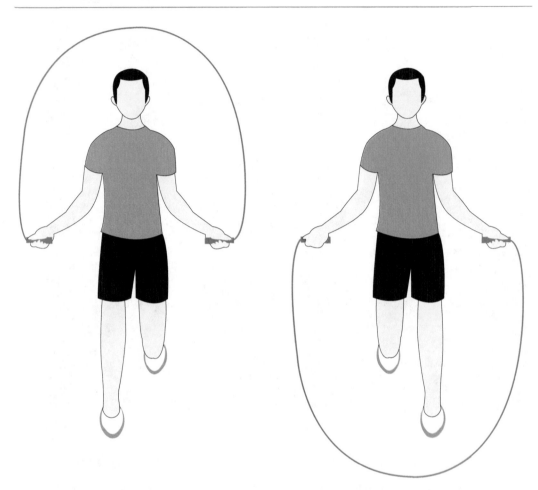

进行 3 分钟跳绳练习，共练习 4~6 组，两组间间歇 5 分钟。训练结束时心率为 140~150 次 / 分，心率恢复至 120 次 / 分时开始下组练习。训练强度控制在 45%~60%。

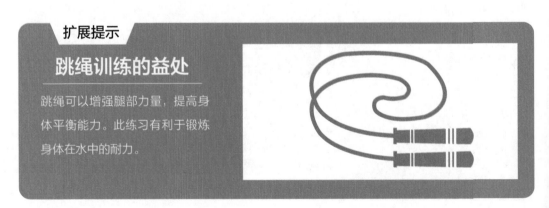

扩展提示

跳绳训练的益处

跳绳可以增强腿部力量，提高身体平衡能力。此练习有利于锻炼身体在水中的耐力。

5分钟跳操 | 耐力强化

游泳准备活动

熟悉水性

自由泳

仰泳

蛙泳

蝶泳

出发、转身与终点技术

自救与施救的常用方法

体能训练

> **小提示**
> 跳操练习可以提高身体的综合素质，在游泳中提高四肢的协调性，增强身体的灵活性，提高在水中的反应速度。

以开合跳的动作进行 5 分钟跳操，要求不间断地进行。共练习 4~6 组，每两组间间歇 5~8 分钟。心率控制在 160 次 / 分以下，训练强度控制在 45%~60%。

知识点

5 分钟跳操是一项持续、有规律的运动。进行该练习前需做好身体各个关节、韧带、肌肉的准备活动。进行该练习时，要有节奏，不要过快。快节奏的跳操会使练习者跟不上节奏，动作不到位，还容易导致肌肉过度紧张，产生疲劳，造成拉伤、扭伤等运动损伤。练习中注意保持呼吸均匀、精神专注、动作准确，以保证训练的质量和效果。随着练习者水平的提高，可以适量增加训练强度和训练量。

水中大步走 | 耐力强化

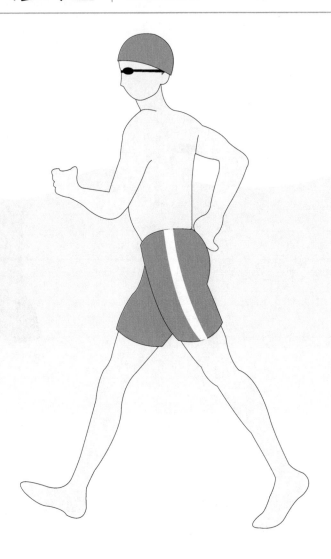

选择一个水池，深度为 30~40 厘米，进行水中大步走练习。走 100~150 步或 200~300 米为 1 组，共练习 4~5 组，两组间间歇 5 分钟。训练强度控制在 50%~55%。

小提示 水的阻力可以使大腿外侧肌肉绷紧，在水中移动速度越快，阻力越大，相对的训练强度也越大。由于水的浮力，身体变轻，减轻了体能负担。

连续跑 | 耐力强化

游泳准备活动

熟悉水性

自由泳

仰泳

蛙泳

蝶泳

出发、转身与终点技术

自救与施救的常用方法

体能训练

知识点

连续跑是一种方便的锻炼方法，也是有效的有氧运动，可提升肺活量。肺活量的提高有助于在游泳中更好地换气。在跑步中需要用鼻子和嘴巴配合呼吸，要注意呼吸节奏。

连续跑是以匀速的形式连续跑步前进，运动时间在1小时以上。

水中间歇高抬腿 | 耐力强化

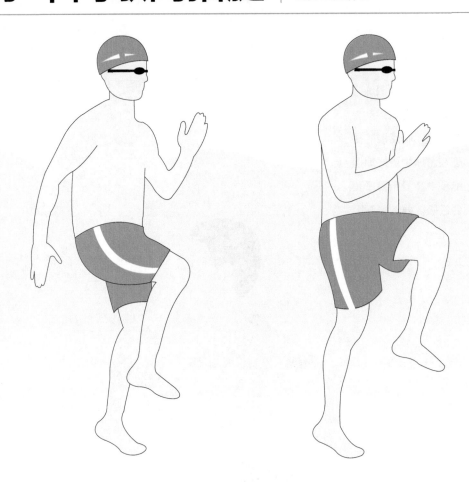

水中间歇高抬腿在水深 40~50 厘米的泳池中进行。身体直立站在水中,一侧腿屈膝抬起至大腿保持水平,另一侧腿支撑身体,左右两侧交替进行,双臂前后摆动。100 次为一组,共进行 4~6 组练习,两组之间有 3 分钟的间歇。训练强度控制在 60%~65%。

扩展提示

增强腿部爆发力

水中间歇高抬腿可以训练腿部爆发力。练习时身体挺直,核心收紧。蹬地的一瞬间,速度要快。蹬腿、摆臂时要迅速有力。

水中短距离间歇游 | 耐力强化

知识点

该练习的特点是运动与休息交替进行，游进的距离较短，在规定的时间休息，训练强度较高。

水中短距离间歇游要求以 50 米、100 米或更长距离在泳池中进行反复游进练习，每组练习 3~4 次，两次之间进行短暂的休息，共进行 3~4 组练习，两组之间有 10 分钟的间歇。训练强度控制在 60%~70%。

小提示 水中短距离间歇游是指反复游进固定的距离。在每次练习后，按照规定的间歇时间休息，在体能还没有完全恢复的情况下就进行下一次练习。

水中变姿变速游 | 耐力强化

水中变姿变速游要求以 50 米为一段在泳池中进行混合姿势游泳，用各种泳姿各游 50 米为 1 组，共练习 3~5 组，两组之间间歇 10 分钟。训练强度控制在 65%~75%。

小提示 在转变泳姿时需要适当收紧腰腹部，保持身体平衡。泳姿转换前的打水要充分，以获得足够的前冲力。

分段变速游 | 耐力强化

游泳准备活动

熟悉水性

自由泳

仰泳

蛙泳

蝶泳

出发、转身与终点技术

自救与施救的常用方法

体能训练

知识点

分段变速游是以快慢交替的速度进行游进的练习。此练习有利于针对不同的情况调整呼吸，从而提高游泳时的耐力和速度，使游泳技术进一步提高。

在泳池中进行分段变速游，以 50 米为一段，游进 250~300 米为一组，共进行 4~5 组的练习，两组之间间歇 10 分钟。游进的快速阶段的速度应达到个人最快速度的 70% 以上，放松阶段根据个人的具体水平而定。训练强度控制在 65% ~70%。

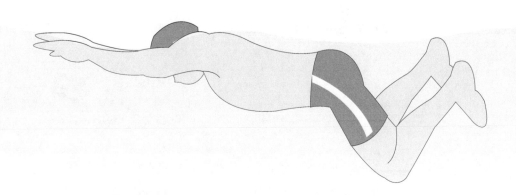

扩展提示

优化终点技术

分段变速游可以提高游泳比赛的冲刺速度，优化终点技术。

水中追逐游戏 | 耐力强化

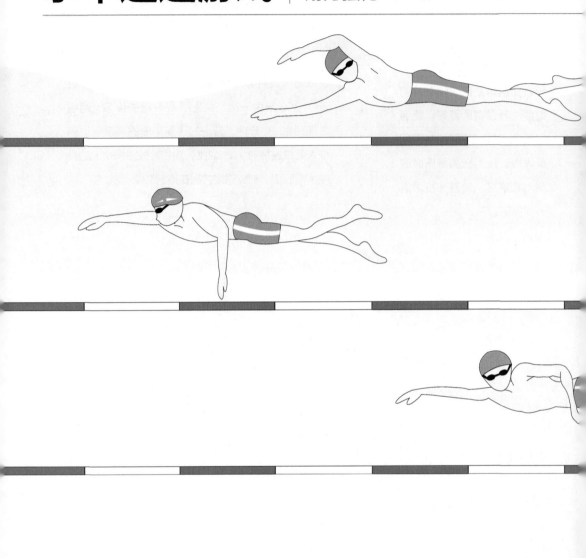

在泳池中进行水中追逐游泳，2~4 人一组，相隔 3~5 米，同时出发，采用同一种泳姿进行追逐游，游 50 米为 1 组，共进行 3~5 组的练习，两组之间间歇 10 分钟。追逐时，心率要达 160 次 / 分钟以上。训练强度控制在 65% ~75%。

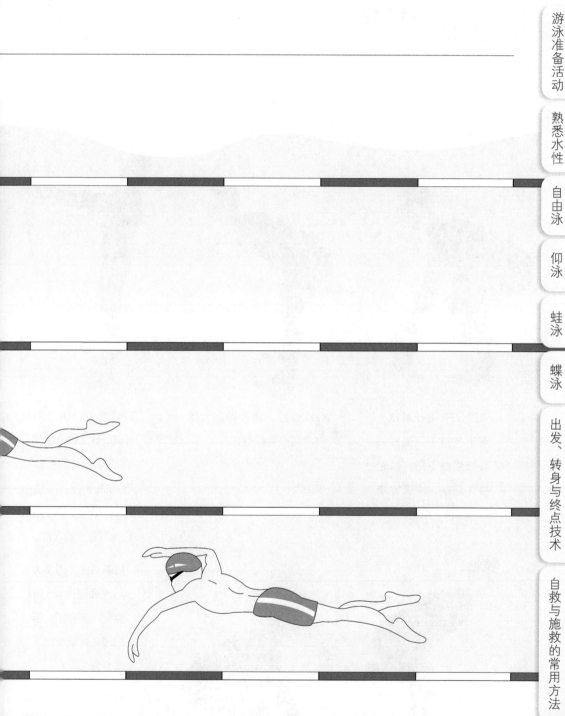

游泳准备活动

熟悉水性

自由泳

仰泳

蛙泳

蝶泳

出发、转身与终点技术

自救与施救的常用方法

体能训练

小提示 该练习模拟真实比赛的场景。因为比赛时眼睛可能被他人的双脚遮挡，抵达岸边时其他选手的手臂可能会扰乱视线，所以要让自己习惯与人竞赛的感觉。

双壶铃甩摆 | 爆发力强化

扫一扫，看视频

> **知识点**
> 在甩摆的过程中，下肢蹬伸的动作
> 连贯，核心收紧，肩关节保持稳定。

01 双脚分开，略比肩宽，双手各持一只壶铃，双腿屈膝下蹲，同时身体前倾，使壶铃与身体保持一定距离。

02 伸膝，将壶铃向后甩摆至臀部后方。

03 双腿发力，快速伸髋伸膝，身体向上站起。手臂向上甩摆壶铃至与地面平行。回到步骤 02 中的姿势，甩摆壶铃至规定的次数。

04 接着身体下蹲至大腿与地面呈约 45 度，躯干向前倾斜，手臂跟随身体幅度向下甩摆至臀部后方。

05 双腿屈膝下蹲，同时壶铃向前甩摆。恢复起始姿势，重复规定的次数。

壶铃翻转高翻 | 爆发力强化

扫一扫，看视频

小提示 双腿蹬地起身的动作要快，整个甩摆过程动作连贯。

01 双脚间距大于肩宽，屈髋屈膝下蹲，躯干向前倾，一侧手持壶铃，手臂自然垂于双腿之间，左臂对侧手臂自然后摆。

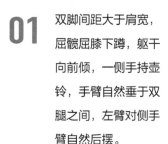

02 双腿蹬地发力，快速伸髋伸膝，身体站直，未持壶铃侧手臂自然垂于体侧。

03 持壶铃侧手臂屈曲，将壶铃向上翻转并高举至头部一侧，使壶铃底部朝上。

游泳准备活动

熟悉水性

自由泳

仰泳

蛙泳

蝶泳

出发、转身与终点技术

自救与施救的常用方法

体能训练

过顶扔球 | 爆发力强化

扫一扫，看视频

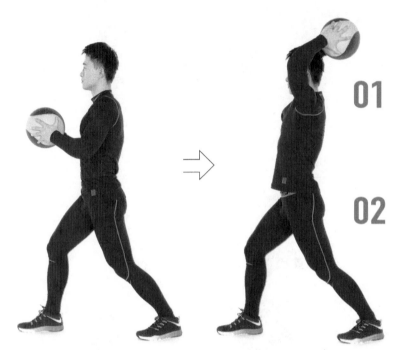

01 双腿前后开立，右脚在前，左脚在后。躯干挺直，双手紧握药球，置于胸前。

02 核心收紧，双臂发力，快速将药球向上举过头顶。

用力向前抛出药球

扩展提示

重心稳定

运动过程中全程保持核心收紧，腰背挺直。重心落于双腿之间，尽量使身体不要乱晃。

03 以最大力量快速抛出药球。然后恢复起始姿势，重复规定的次数。

胸前抛球 | 爆发力强化

扫一扫，看视频

知识点

胸前抛球主要通过肩关节和肘关节的屈曲与伸展，提高身体的力量、爆发力及稳定性。运动过程中核心收紧，抛球动作连贯迅速，保持身体平稳。

01 双腿前后开立，右脚在前，左脚在后。躯干挺直，双手紧握药球，置于胸前。

从胸前用力抛出药球

02 保持躯干挺直，双臂发力，以最大力量快速向前抛出药球。然后恢复起始姿势，重复规定的次数。

游泳准备活动

熟悉水性

自由泳

仰泳

蛙泳

蝶泳

出发、转身与终点技术

自救与施救的常用方法

体能训练

旋转过顶砸球 | 爆发力强化

将药球移至髋部外侧

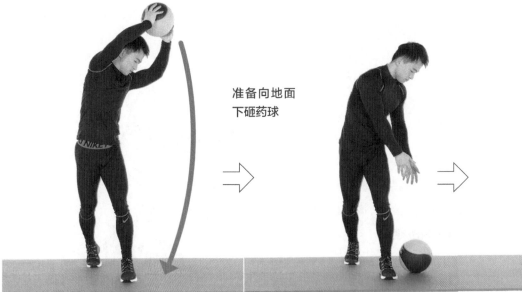

准备向地面下砸药球

04 保持药球置于头顶，继续转向前腿外侧。

05 向前腿侧地面快速下砸药球。

扫一扫，看视频

小提示 运动过程中，身体尽量不要乱晃，肘关节伸直时不要锁定。

01 双腿前后开立，核心收紧，躯干挺直。双手紧握药球，置于腹部前方。

02 接着双臂向后腿侧方移动药球至髋部外侧。

03 保持身体稳定，再向上方移动药球至头顶。

药球回弹到手中

06 药球回弹后用双手接住。

07 然后恢复起始姿势，重复规定的次数。换至对侧重复。

游泳准备活动

熟悉水性

自由泳

仰泳

蛙泳

蝶泳

出发、转身与终点技术

自救与施救的常用方法

体能训练

旋转扔球 | 爆发力强化

扫一扫，看视频

01 双腿前后开立，双手紧握药球，置于腹部前方。

02 臀部后坐，同时身体稍微向前倾斜，双臂向左后方移动，将药球至于髋部外侧。

从髋部用力抛出药球

小提示 此动作主要锻炼腹部、肩部和下肢肌群的力量，对提升出发和转身时的爆发力很重要。

03 双脚蹬地，手臂前伸的同时以最大力量迅速抛出药球。然后恢复起始姿势，重复规定的次数。换至对侧重复。

跳跃踢臀 | 爆发力强化

扫一扫，看视频

双脚脚跟触碰臀部

01 双脚分开，与肩同宽，双腿屈膝下蹲，将弹力带中间绕过腰部，两端固定在身后等高的物体上，双臂伸直，置于身体后方。

02 伸髋伸膝，向上跳起，双脚蹬地，小腿向后弯曲至脚跟接触臀部。同时双臂屈肘，向上摆动。落地时回到起始姿势，重复规定的次数。

知识点

跳跃提臀主要锻炼核心及腿部肌群。利用弹力带增加阻力和不稳定性，可以更好地刺激核心及腿部肌群。增强核心爆发力可以增大腿部打水力度，对腿部打水起到促进作用，从而提升游泳表现。

游泳准备活动

熟悉水性

自由泳

仰泳

蛙泳

蝶泳

出发、转身与终点技术

自救与施救的常用方法

体能训练

爆发力上台阶 | 爆发力强化

扫一扫，看视频

01 右腿屈膝踩于跳箱上，左腿伸直，支撑身体，双臂屈肘，右臂后摆，左臂前摆，双手握拳。将弹力带中间绕过腰部，两端固定在身后等高的物体上。

02 保持上身直立，右腿发力快速向上伸展，身体随之向上移动，左腿上提并向前屈膝至大腿与地面平行，双臂也随之摆动，前后交换。

小提示 爆发力上台阶可以锻炼臀部、大腿及核心肌群。运动过程中保持核心收紧，背部平直。有节奏地练习，上台阶时呼气，恢复时吸气。

03 左腿收回落下，恢复起始姿势，重复规定的次数。换至对侧重复。

侧向蹬箱 | 爆发力强化

扫一扫，看视频

知识点

侧向蹬箱主要锻炼下肢肌群的爆发力，注意跳起的动作越轻盈越好。

01 右腿屈膝踩于跳箱上，左腿伸直支撑身体，双臂屈肘置于胸前，五指相触。

02 双腿屈膝下蹲，同时躯干前倾，双臂向后摆。

03 双脚蹬地，使身体向上跳起，躯干向上直立，同时双臂快速向上摆动至头顶。

04 落下时，右腿踩于跳箱，屈髋屈膝，双臂后摆。

05 恢复起始姿势，重复规定的次数。换至对侧重复。

游泳准备活动
熟悉水性
自由泳
仰泳
蛙泳
蝶泳
出发、转身与终点技术
自救与施救的常用方法
体能训练

跳深练习 | 爆发力强化

01 身体直立，站于跳箱边缘，右腿支撑身体，左腿向前悬空，双臂伸直举过头顶。

02 跳下跳箱，落地时屈髋屈膝，躯干向前倾，同时双臂后摆。

03 双脚蹬地，伸髋伸膝，向上跳起，躯干直立，再次向上摆动双臂。

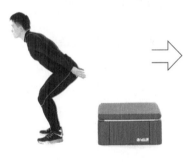

04 落下时恢复屈髋屈膝和双臂后摆的姿势。

05 站直。恢复起始姿势，重复规定的次数。换至对侧重复。

> **知识点**
> 通过髋关节和膝关节的屈曲与伸展，增强下肢肌群的爆发力。

小提示

跳深练习过程中要注意以下几点。

1. 准备起跳时，用力摆臂，带动身体，辅助发力。

2. 落地时，膝关节不要内扣。

3. 在腾空阶段，核心收紧，腰背挺直，体会核心发力的感觉，控制整个身体。

4. 第一次落地后，尽可能快速地再次起跳。

双脚跳上跳箱 | 爆发力强化

扫一扫，看视频

小提示　为了避免下肢受到过度的压力，动作完成后应缓慢地走下箱子而不是向下跳。

01 双脚分开，与肩同宽，身体直立站于跳箱之前，双臂向上伸直举过头顶，掌心相对。

02 屈髋下蹲，躯干前倾，同时双臂快速向下摆动至身后。

03 双脚蹬地，使身体向上并向前跳，双臂随之向上摆动至头顶。

04 身体跳上跳箱，同时身体恢复屈髋屈膝和双臂后摆的姿势。

05 伸髋伸膝，向上站起。恢复起始姿势，重复规定的次数。

知识点

双脚落地跳可以锻炼下肢的速度和力量，从而提升游泳时出发及转身的能力。双脚落地跳可以作为学习如何使用手臂来增加跳跃高度的训练，也可以作为提高在跳台上的跳起高度的练习。可以在跳跃的开始阶段爆发性地摆动手臂，以增加跳跃的高度。

双脚旋转跳上跳箱 | 爆发力强化

知识点

身体的重量从一侧向另一侧转移，转移速度要快，充分发挥下肢肌群的力量。

01 双脚分开，与肩同宽，身体直立站于跳箱一侧，背部挺直，双臂伸直举过头顶，掌心相对。

02 屈髋下蹲，躯干前倾，同时双臂快速向下摆动至身后。

游泳准备活动

熟悉水性

自由泳

仰泳

蛙泳

蝶泳

出发、转身与终点技术

自救与施救的常用方法

体能训练

跳起的同时向
左转体

03 双脚蹬地，使身体向上并向左侧旋转跳，双臂随之向上摆动至头顶。

04 身体跳上跳箱，同时身体恢复屈髋屈膝和双臂后摆的姿势。

05 伸髋伸膝，向上站起。重复规定的次数。

小提示 运动过程中，注意腿部下蹲时的深度，与其他下肢练习一样，确保膝关节与脚尖方向一致。躯干旋转时，手臂和腿的动作配合协调，视线应跟随身体的移动路径。

纵向双脚跳　爆发力强化

扫一扫，看视频

01 双脚分开，与肩同宽，挺胸抬头，站于栏架前，双臂伸直举过头顶，掌心相对。

02 屈髋下蹲，躯干前倾，同时双臂快速向下摆动至身后。

03 双脚蹬地，使身体向上并向前跳，双臂随之向上摆动至头顶。

04 身体跳过栏架，同时身体恢复屈髋屈膝和双臂后摆的姿势。恢复起始姿势，重复规定的次数。

知识点

双臂用力上摆，带动身体向上跳起，身体腾空时，核心收紧，保持身体平稳。

横向双脚跳 | 爆发力强化

扫一扫，看视频

> **知识点**
>
> 横向双脚跳主要锻炼臀部、大腿和小腿肌群，增强身体的力量及爆发力。

双脚向上跳过栏架

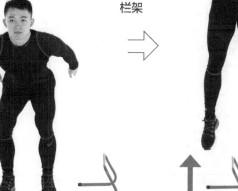

01 双脚分开，与肩同宽，挺胸抬头，站于栏架一侧，双臂伸直举过头顶，掌心相对。

02 屈髋下蹲，躯干前倾，同时双臂快速向下摆动至身后。

03 双脚蹬地，使身体向上并向侧面跳，双臂随之向上摆动至头顶。

 小提示 练习过程中身体动作协调，有节奏地练习，双脚蹬地发力起跳时吸气，落地缓冲时呼气。

04 身体跳过栏架，同时身体恢复屈髋屈膝和双臂后摆的姿势。恢复起始姿势，重复规定的次数。

游泳准备活动

熟悉水性

自由泳

仰泳

蛙泳

蝶泳

出发、转身与终点技术

自救与施救的常用方法

体能训练

交换跳 | 爆发力强化

知识点

交换跳主要锻炼核心、臀部和腿部肌群，对提高身体的爆发力、稳定性和敏捷性都有帮助。

左腿屈膝，重心下移

01 身体直立，站于栏架一侧，右腿支撑身体，左腿屈膝向后抬起至小腿与地面平行，双臂伸直举过头顶，掌心相对。

02 左腿屈膝，右腿支撑，躯干前倾，同时双臂向下摆动至身后。

小提示 单腿支撑时重心落在支撑腿上，核心发力，控制身体平稳。跳跃过程中控制膝关节和脚尖方向一致向前。注意跳跃时的呼吸，跳起时呼气或屏气，还原时吸气。

扫一扫，看视频

下落时交换站立腿

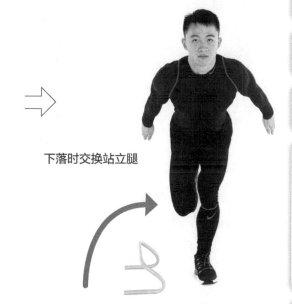

03 右脚发力蹬地，使身体向上并向侧面跳过栏架，双臂随之向上摆动至头顶。

04 下落时换左腿支撑身体，右腿向后抬起，双臂后摆。恢复起始姿势，重复规定的次数。换至对侧重复。

扩展提示

腾空时四肢充分伸展

身体腾空时，双腿伸直，保证身体充分伸展。在快要落地时换腿着地。

游泳准备活动

熟悉水性

自由泳

仰泳

蛙泳

蝶泳

出发、转身与终点技术

自救与施救的常用方法

体能训练

三角肌前束拉伸 | 柔韧性强化

扫一扫，看视频

双臂伸直向上抬起

01 双脚分开，与肩同宽，挺胸抬头，双手分别放于身体两侧，掌心朝内，目视前方。

02 双手在臀部后方紧紧握住，双臂向身体上方抬起。

03 双臂向上方抬起至最大限度，感受肌肉的牵拉，保持规定的时间。

其他角度

知识点

向后伸展上提能够锻炼肩部肌群的柔韧性。注意手臂上抬的速度不要过快，要缓慢、持续，全程保持均匀呼吸。

肱二头肌拉伸 | 柔韧性强化

扫一扫，看视频

小提示 运动过程中保持躯干直立，将手最大限度地向下放至肩胛骨位置，感受肱三头肌中等程度的牵拉感。

01 双脚分开，与肩同宽，挺胸抬头，双手分别放于身体两侧，掌心朝内，目视前方。

手指触碰肩胛骨位置

02 右臂屈肘上移，将手放于肩胛骨之间，感受肌肉的牵拉，保持规定的时间。换至对侧重复。

其他角度 👁

游泳准备活动

熟悉水性

自由泳

仰泳

蛙泳

蝶泳

出发、转身与终点技术

自救与施救的常用方法

体能训练

动态胸部扩张 | 柔韧性强化

扫一扫，看视频

01 双脚分开，与肩同宽，挺胸抬头，双手分别放于身体两侧，掌心朝内，目视前方。

02 双臂屈肘上抬至肩部高度，将双手放在耳部后方。

03 肘部向后移动至肌肉有中等程度的牵拉感。恢复起始姿势，重复规定的次数。

其他角度 👁

小提示 该练习通过肩关节的水平屈曲与伸展提升胸部肌群的柔韧性，这有助于提升划水动作的质量。

双臂开合 | 柔韧性强化

扫一扫，看视频

01 双脚分开，与肩同宽，挺胸抬头，双手分别放于身体两侧，掌心朝内，目视前方。

02 双臂向前伸直，手指交叠，掌心朝内，同时含胸低头至肌肉有一定程度的牵拉感。

双臂充分向后伸展

03 双臂向两侧打开，最大限度向后伸展，掌心向前。

04 双臂收回落下，恢复起始姿势，重复规定的次数。

游泳准备活动

熟悉水性

自由泳

仰泳

蛙泳

蝶泳

出发、转身与终点技术

自救与施救的常用方法

体能训练

动态弓形

柔韧性强化

扫一扫，看视频

01 双脚分开，与肩同宽，挺胸抬头，双手分别放于身体两侧，掌心朝内，目视前方。

02 保持身体姿势，双手扶住下腰背两侧。

身体向后仰

03 身体逐渐向后仰至腹部肌肉有一定程度的牵拉感。回到起始姿势，重复规定的次数。

其他角度 ●

前屈式 | 柔韧性强化

扫一扫，看视频

小提示 背部和双腿不要弯曲，重心放于双脚上，双腿与地面垂直。

01 双脚并立，挺胸抬头，双手分别放于身体两侧，掌心朝内，目视前方。

02 双臂向上伸直举过头顶，掌心朝外。

03 向前俯身，使头最大限度地靠近膝关节，并将双手支撑于地面上，保持规定的时间。

扩展提示

训练难度调整

当双手触碰地面时，可将双手放于双脚的前方或两侧，也可以握于脚踝后方。如果觉得难度过大，可用双手抱住对侧的膝关节。

游泳准备活动

熟悉水性

自由泳

仰泳

蛙泳

蝶泳

出发、转身与终点技术

自救与施救的常用方法

体能训练

舞者动作 | 柔韧性强化

扫一扫，看视频

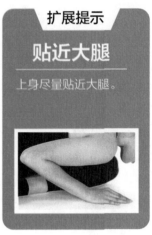

扩展提示

贴近大腿

上身尽量贴近大腿。

01 左腿屈膝于身体前侧，右腿伸直于身体后侧，上身直立，手臂伸直，双手支撑于地面。

02 手臂屈曲，上身逐渐向地面靠近至臀部肌肉有一定程度的牵拉感，保持规定的时间。换至对侧重复。

其他角度 ●

动态坐式跨坐 | 柔韧性强化

扫一扫，看视频

> **知识点**
>
> 动态坐式跨坐能够锻炼内收肌的柔韧性。

01 身体呈坐姿，背部平直，双腿伸直向外打开，双手支撑于身体侧后方。

02 身体逐渐前倾至大腿内侧肌肉有一定程度的牵拉感。

小提示 运动过程中保持背部平直，身体前倾的速度不要过快，全程均匀呼吸。

03 回到起始姿势，重复规定的次数。

游泳准备活动

熟悉水性

自由泳

仰泳

蛙泳

蝶泳

出发、转身与终点技术

自救与施救的常用方法

体能训练

动态仰卧式伸膝 | 柔韧性强化

扫一扫，看视频

01 仰卧，一侧腿伸直，另一侧腿屈髋至大腿与地面垂直，双手抱住大腿后侧，小腿放松。

膝关节伸直

02 最大限度地向上伸展膝关节，直至大腿后侧肌肉有一定程度的牵拉感。

03 回到起始姿势，重复规定的次数。换至对侧重复。

小提示 运动过程中注意保持躯干平直，不要弓背。通过膝关节的屈曲与伸展，充分拉伸腘绳肌，增强腿部肌群的柔韧性。

股四头肌拉伸 | 柔韧性强化

扫一扫，看视频

身体向后倾斜

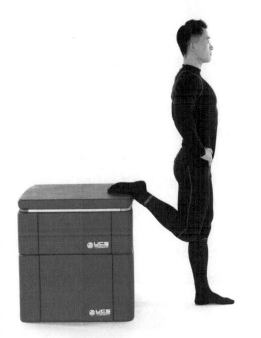

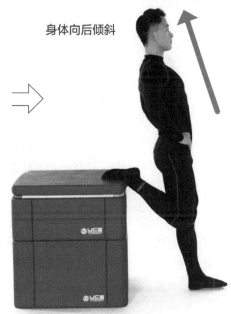

01 右腿向后屈膝置于跳箱上，左腿支撑身体，挺胸抬头，双手叉腰。

02 身体逐渐向后倾至大腿肌肉有一定程度的牵拉感，保持规定的时间。换至对侧重复。

知识点

进行该练习时，核心收紧，保持身体稳定。身体向后倾时，如果膝关节感到不适，应立即停止练习。

游泳准备活动

熟悉水性

自由泳

仰泳

蛙泳

蝶泳

出发、转身与终点技术

自救与施救的常用方法

体能训练

作者简介

陈慧佳，游泳世锦赛冠军，曾打破女子游泳亚洲纪录和世界纪录；现任浙江省游泳队教练。上海交通大学管理学学士，体育学硕士。从事专业游泳训练 15 年，专项游泳教学 7 年。2009 年，获得游泳亚锦赛女子 50 米和 100 米蛙泳冠军；获得东亚运动会女子 50 米和 100 米蛙泳冠军，打破女子 50 米蛙泳亚洲纪录；获得游泳世锦赛女子 4×100 米混合泳接力冠军并打破世界纪录。2010 年，获得亚运会女子 100 米蛙泳亚军和女子 4×100 混合泳接力冠军。曾获 2009 年体育运动荣誉奖章、2009 年 CCTV 体坛风云人物最佳组合提名、2009 年浙江省十佳运动员和三八红旗手称号。退役后至今担任浙江省游泳队教练兼中国国家游泳队助理教练，曾带领徐嘉余、叶诗文等知名运动员在游泳世锦赛中取得优异成绩。